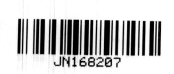

萌える！
ケルト神話の女神事典

ケルト神話の女神 INDEX

本書で紹介するケルト神話の女神たちを、その伝承地域ごとに分類しました。

■トゥアハ・デ・ダナーンの女神

ダヌ……………………………20
ブリギッド…………………22
モリガン……………………26
マッハ………………………28
ネヴァン……………………30
アルウェズ…………………32
ボアーン……………………34
エリーウ&バンバ&フォドラ……40
サイヴ………………………44
エスニャ……………………46

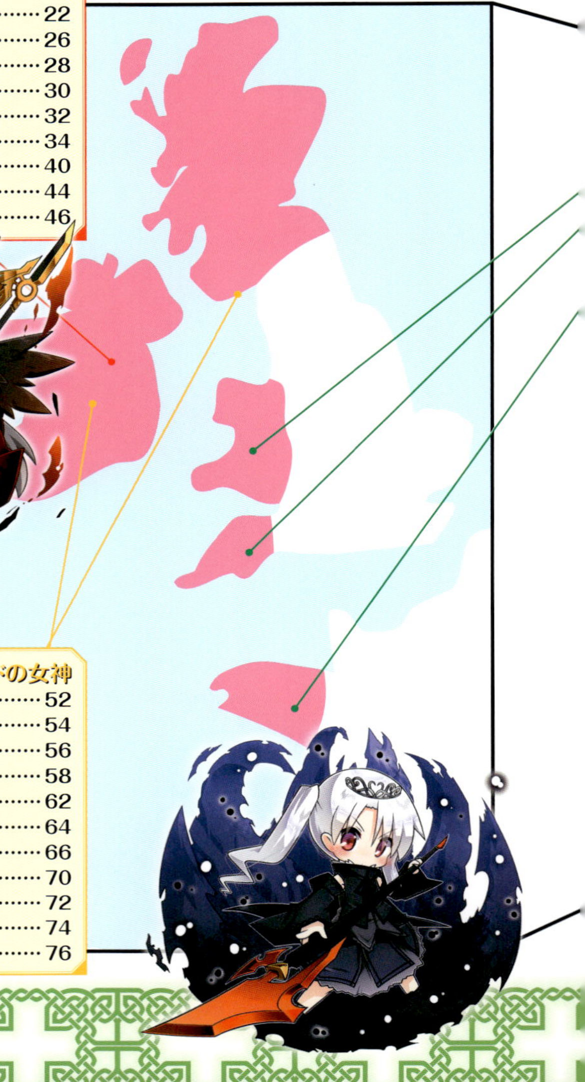

■アイルランド・スコットランドの女神

ダムヌ………………………52
エフニャ……………………54
タイルトゥ…………………56
ブイ…………………………58
エーディン…………………62
ディアドラ…………………64
メイヴ………………………66
スカアハ……………………70
グラーニャ…………………72
シーラ・ナ・ギグ…………74
ケルフ・ヴェリ……………76

■ウェールズ・コーンウォール・ブルターニュ・ブリタニアの女神

●ウェールズ

アリアンロッド……82
リアンノン……86
ブロダイウェズ……88
ブランウェン……90

●ブリタニア

スーリス……92
アンドラステ……94
セヌナ……96
コウェンティナ……98
ウェルベイア……100

■大陸のケルトの女神

エポナ……106
ロスメルタ……110
ナントスエルタ……112
アルティオ……114
デア・マトローナ……116
シロナ……118
ヘレクラ……120
アルドゥインナ……122
セクァナ……124
ネハレンニア……126

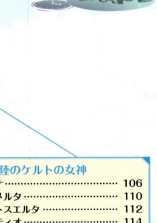

ターにゃん♪
ターにゃん♫
泣き虫ターにゃん♪
ターにゃん
ではなく
ティターニア
と……
いえ〜〜!
きぃぃぃぃ〜!!
ちょっとマズ!
高すぎですわ!
速すぎですわ!
おろして下さい
ですわ〜!
あはは!
ターにゃんは
こわがりだな!
♪ターにゃ……
ん?
なんだありゃ
うるさいで……って
なんですの……?
なあなあ!
なんて書いて
あるんだ?
ですわね……
『ケルトの神々の
ひみつ』?
本じゃねーか?
まって下さいですわ
まったく
これくらいも
読めませんの?

……えっと……
「元来、妖精は
ケルトの神々であった
……信仰を失った神々は、
力を失って妖精へと
成り下がってしまったのだ」
……どういうこと
ですの？
待てよ
それって……
わたしたちも
神様に……？
つ・ま・り！
わたくしが
神になって……
ゴゴゴゴ
マブよりも
強く!!!
つまり
このマブちんが
神になって……
10000000
ターにゃん
よりも賢く!!?
これだ！
マブ
ターにゃんを
出し抜いて
……神に!!
本編に続く！

あの子に内緒で神様になろう！

それで、妖精にも人間にも愛される女王になりたい、とお考えなのですね。
大変よい心がけだと存じますが……マブ様はともかく、これまで貴族相手の社交ばかりで、下々に姿を見せたがらなかったお嬢様が、どういう風の吹き回しでしょう？

お、おほほほ……。
見くびらないことです、わたくしも日々学んでいるのですよ。
（神になる方法が有名になったらマズイですわ！）

そうそう、もっといろんなトモダチを作りたいだけだよ！
どうすれば人気者になれるかな～？
（ほかの妖精に知られないように気をつけなきゃ！）

……まあ、よろしいでしょう。
お嬢様とマブ様のご希望であれば、尽力させていただきます。
おふたりを人気者にする方法を考えますので、しばしお時間をいただきますよ。

よろしくたのむわよー（ね～）!!

妖精界のお嬢様

わたくしたち妖精が、
もとは神だったなんて
知りませんでしたわ。
ディーナも教えてくれればいいのに！
（聞き流していただけ）
一刻も早く信仰を集めて、
女王にふさわしい「神の力」を
手に入れなくては！

ティターニア

妖精界において、代々多くの妖精女王を輩出してきた名家の現当主。身長は手のひらサイズ。

ダンス、音楽、芸術など上流階級の必須スキルを高いレベルで身につけているが、本人の熱意不足から教養のほうはイマイチ。

カブトに乗ったお姫様

ふっふっふ、
ターにゃんには悪いけど、
この妖精界で顔が広いのは、
あちこち遊び回っていた
マブちんなのだ。
信仰集め、
全力でがんばっちゃうぞ～!!

マブ

ティターニアとは別の妖精界出身のお姫様。ティターニアとは幼いころからの親友で、彼女のことをターにゃんと呼んでいるが、本人からは嫌がられている。

性格はティターニアよりも陽気で、体を動かすことと楽しいこと、めずらしいものが大好き。

お嬢様のメイド長

おふたりのたくらみは
だいたいわかりますが、
これはお嬢様に「ケルト神話」について
興味を持っていただくのに
理想的な展開です。
最高の講師を用意して、
ご自分のルーツにくわしくなって
いただきましょう。

ディーナ

ティターニアの専属メイドとして彼女の家に仕えている、妖精族の使用人。家事から教養まで何でもござれのパーフェクトメイドで人脈も広い。ティターニアに忠実に仕える一方、教育や指導はスパルタ式で容赦がない。

人間たちの文化を研究したところ、人気者になるためには、ファンがいるところに直接行って、顔を売ることが大事なのだそうです。そこで、妖精界とつながっている各界にくわしい、講師役の皆様をお呼びしています。

本物の女神様に人間界のトップ英雄……さすがねディーナ。
この短期間でこの成果、主人として誇らしいですわ。

講師陣のご紹介！

はじめまして、
アイルランドの女神、ブリギッドと申します。
私ブリギッドは、
みずから努力する者を歓迎いたしますよ。

アイルランドの森に館を構える女神様。鍛冶、農業、牧畜など多彩な分野を担当、ケルト神話の女神たちのあいだでも一目置かれている。足下の子ヤギは将来の山羊の王様候補で、名前はライト（白）とレフト（黒）。

ブリギッド

はじめましてお嬢ちゃんたち。
ブリテン島の王、アーサーじゃ。
人間界のことなら、ワシに
任せてもらってもかまわんぞ！

かつてブリテン島を拠点に全欧州を統治した偉大な英雄王だったが、現在は引退して幸福の島アヴァロンで悠々自適のチョイ悪ジジイ生活を送っている。その経歴からブリテン島の英雄神話にくわしい。

アーサー王

ヴィヴィアン

幸福の島アヴァロンに住む妖精で「湖の乙女」の異名持ち。アーサー王の担当で、いつも無茶振りをされている。

カリバーン

「選定の剣」という一族の一振りで、かつてはアーサー王の愛剣として活躍した。神話の武器には一家言ある。

ここからは神々の世界をブリギッド様に、人間の世界をアーサー王様にご案内いただきます。講師の先生方のご指示に従うようにしてくださいね。
さあ、お嬢様にマブ様、さっそく出発いたしましょう。

はじめに

ヨーロッパの北西に浮かぶ島国「イギリス」と、その西隣の島「アイルランド」。ギリシャ神話や北欧神話と並ぶ、ヨーロッパの三大神話のひとつ「ケルト神話」は、この緑豊かな島国に伝わる神話として有名です。

ですがケルト神話を作った「ケルト人」は、ヨーロッパの島々だけでなく、フランスやドイツ西部などのヨーロッパ本土にも住んでいました。彼らは欧州各地に広がる大民族であり、多くの神々を生み出し信仰していたのです。

この本は、かつてヨーロッパ各地をに根を張った「ケルト人」の信仰と神話、彼らが信じた神々を紹介することを目的としています。

前半のカラーパートでは、ケルト人によってヨーロッパ各地で生み出された、40 組の「女神」をイラストつきで紹介。資料や遺物に残された特徴をもとに、担当イラストレーターが独自の解釈でデザインしたイラストで、ケルトの女神のすべてを包み込むような魅力を体感してください。

後半の解説パートでは「ケルト神話」を徹底解説。その知名度にくらべて実態がほとんど知られていない「ケルト神話」の内容を、神話を作ったケルト人の文化まで含めてわかりやすく紹介します。

ケルトの女神と神話についての基礎知識が、すべて身につく一冊です！

健部伸明（たけるべ のぶあき）

監修者紹介

1966 年生まれ。ゲーム製作と神話関係の著作を行うゲームデザイナーにしてライター。世界各国の神話にくわしく、北欧神話の学会「日本アイスランド学会」などに所属するかたわら、ケルト神話と北欧神話の解説書『虚空の神々』、ファンタジー世界の人種や怪物を紹介する『幻想世界の住人たち』『幻獣大全』など多くの著作を持つ。

凡例と注意点

カッコの用法について

本文内で特殊なカッコが使われている場合、以下のような意味があります。

『　』……神話伝承などの原典資料の名前

《　》……原典の内容を解説する書籍の名前

固有名詞について

ケルト神話の原典資料に使われているゲール語やブリソン諸語は、特定の発音を日本語でどう表記するかのルールが定まっていません、そのためケルト神話を解説する日本語文献では、同じ人物や地名でも訳者ごとにカタカナ表記にブレがあります。本書では、監修の健部伸明氏の判断にもとづき、可能な限り統一して固有名詞を表記します。

はじめに知っておきたい「ケルト」ってなに？

さて、ケルトの神々について話す前に、「そもそもケルトとは何なのか」説明しておく必要がありそうですね。（眼鏡くいっ）ケルトとは、ヨーロッパに住んでいた人々の名前です。ケルト人が信じていた神話だから、ケルト神話、なのです。

なるほどね、ケルト人の神話、という意味ですのね。
それでは、その「ケルト人」というのは、どのような人間たちだったのかしら？

ふむ、そうですね……。
よろしい、百聞は一見にしかず、その目で見るのがいちばん理解が早いでしょう。
ケルト人とはこのような人々だったのですよ。

戦士……裸身の勇者

ケルト人の戦士は、丸裸の上半身を着色し、槍や大剣、大斧などを武器に戦います。守りは木製の盾と、身分の高い者がかぶる金属兜だけです。

ケルト人は高度な金属加工技術を持っていたのに、鎧を使いませんでした。理由として、鎧が肉体美を隠すから、鎧を着ると臆病だと見られる、衛生上の知恵、などが推測されています。

ガリアの戦士

ガリア地方（現在のフランス北部）の戦士。藍《あい》の一種であるホソバタイセイという草の汁を使って、体に呪術的な青い模様を描いています。

ふむ、すさまじい戦士たちじゃな。
鎧を作る技術があるのに、あえて上半身裸で戦うとは。
これだけの気迫を前にすると、ワシの騎士たちでも手こずるかもしれんぞ。

ドルイド……ナラの木の賢者

ケルト人の信仰は、われわれ日本人と同様、複数の神々を祀る「多神教」です。その信仰スタイルは自然崇拝、特に樹木と関わりが深く、「ドルイド」と呼ばれる神官がそのすべてを仕切っていました。

ドルイドは部族に伝わる知識を口伝えで継承する知識階級であり、部族の指導や裁判を行うなど、絶大な権力を持っていました。

高位ドルイドの外見

ドルイドはゆったりとした白い布を身につけ、右のイラストのような植物で作られた冠や、金属の装飾品などを身につけていました。

こんなデザイン見たことある？

ケルト人は、周辺のヨーロッパ諸国にはない独特なデザインのセンスを持っていました。

彼らのデザインの基本になるのは、太い紐を編んだり、美しい結び目をいくつも作ったような模様です。結び目の英語“knot”《ノット》からとって、これらの模様は「ケルティックノット」などと呼ばれることがあります。

また、ケルトのデザインには渦巻き状の組み紐模様が多く、この模様には、無限に成長し変化し続けようとする意志が込められているといいます。

ケルティックノットを組み込んだ「ケルト十字」。アイルランドでキリスト教の布教に利用された。

キリスト教の聖書をケルトのデザインで描いた『ケルズの書』（8世紀）の1ページ。

へぇ、この十字架、その「ケルト人」のセンスで作ったものなのね。
なかなかオシャレではありませんの。
ほかの十字架と雰囲気が違うと思ったら……ええ、気に入りましたわ。

お嬢様がお喜びのようでなによりです。
このような美しいものを作り出せる人々の神話、いったいどのようなものなのか興味が湧いてまいりました。

それでは「ケルト神話」って何？

なるほどなー。
このカッコイイ模様を作ったのが「ケルト人」で、
ケルト人が作った神話が「ケルト神話」なんだ。

……と言えたら楽なのですがね。
実はケルト神話を伝承していたケルト人について、もうひとつだけ先に話しておかなければいけないことがあるのです。

ケルト神話は“ケルト諸民族の神話”の総称

実は「ケルト人」とは、ひとつの民族の名前ではありません。ケルト人とは、言語学の世界で「ケルト諸語」と呼ばれる同グループの言語を話し、鉄の武器を使い、馬に荷車を引かせた兵器「戦車」に乗って戦うなど、似た様な風習を持つヨーロッパの諸民族を、外国人がひとまとめにして呼ぶときの名前なのです。

ケルト人の諸民族は多くの部族に分かれており、部族ごとに独自の神話を持っていますが、その内容には類似や重複が多く、同種のものと見なされています。

代表的なケルト神話

・アイルランド神話
・ウェールズ神話
・スコットランド神話
・コーンウォールの神話
・ブルターニュの神話

「ケルト」は、古代ギリシャ時代以前からの自称

紀元前５世紀ギリシャの文献『歴史』には、すでに「ケルトイ」という民族名が見られます。紀元前50年、古代ローマの軍人カエサルの『ガリア戦記』には「ケルタエとはフランス中部に住む民族の自称」とあります。この「ケルトイ」「ケルタエ」は、「ケルト」という単語から派生したものですが、残念ながら「ケルト」の意味は判明していません。

この呼び名がその後も使われ続けた結果、フランスやブリテン島に住んでいた異民族は、全部まとめて「ケルト人」と呼ばれるようになったのです。

ケルト人はここに住んでいた!

なるほど、ケルト人とは「似たような言葉を話す諸民族」のことであったか。では、その「諸民族」たちは、いったいどのあたりに住んでおったのだ?

ケルト人の居住地域

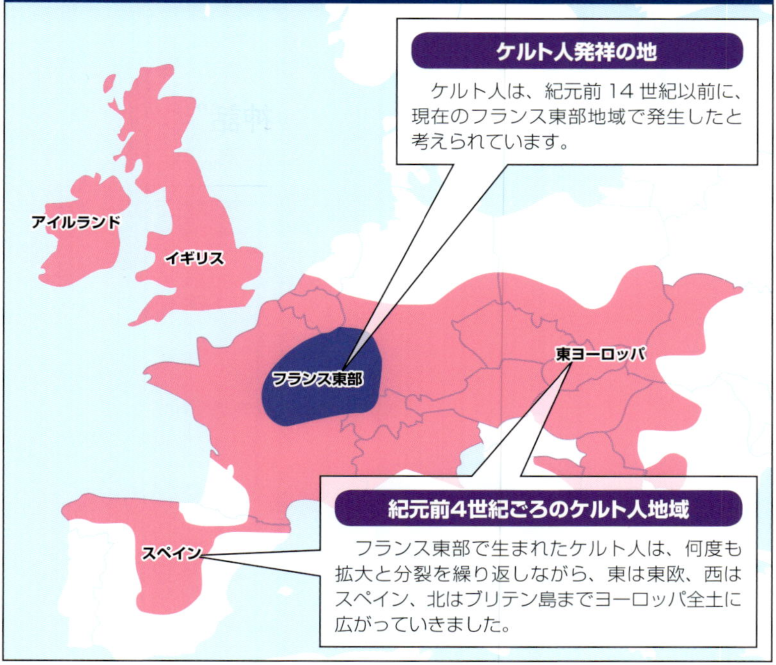

ケルト人発祥の地
ケルト人は、紀元前14世紀以前に、現在のフランス東部地域で発生したと考えられています。
アイルランド
イギリス
フランス東部
東ヨーロッパ
スペイン
紀元前4世紀ごろのケルト人地域
フランス東部で生まれたケルト人は、何度も拡大と分裂を繰り返しながら、東は東欧、西はスペイン、北はブリテン島までヨーロッパ全土に広がっていきました。

こちらが、かつてケルト系民族が住んでいた場所を、住んでいた時代ごとに色で塗った地図になります。
最盛期のケルト人たちは、ピンク色の領域に住んでいました。

へえ、ずいぶん広いのね。ほとんどヨーロッパ全土じゃあない。
……えっ、このあと、ほかの民族に完敗しちゃうの!?
それじゃあケルト人の神話はどうなってしまいますの?

この本での“ケルト神話”の分類

かつては13ページの地図のようにヨーロッパを席巻したケルト人でしたが、今ではその文化は、下の図にあげた地域にしか残っていません。この本では、ケルト神話の女神をこの4つに分けて紹介しますよ。

ケルト人の居住地域

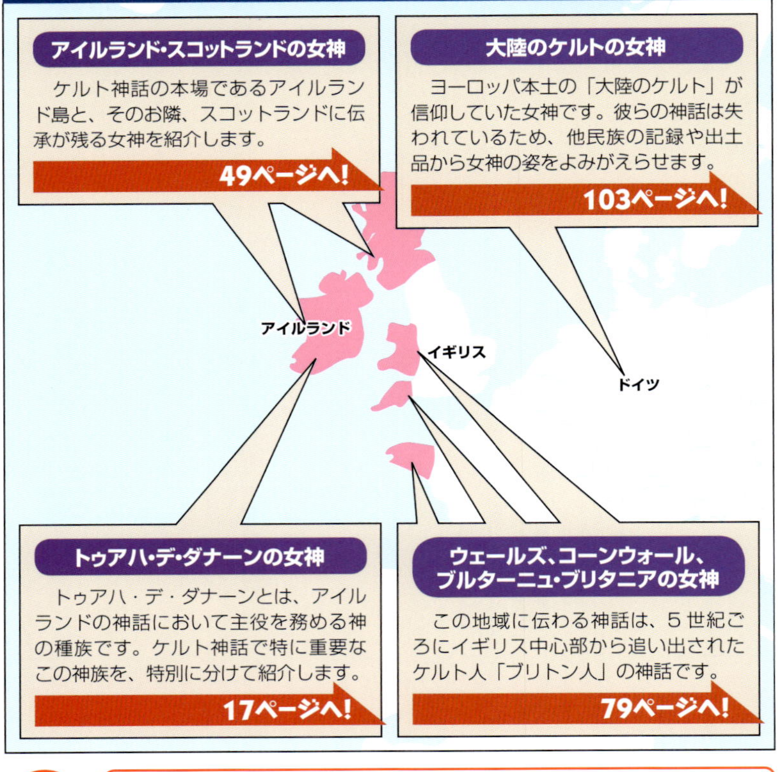

アイルランド・スコットランドの女神

ケルト神話の本場であるアイルランド島と、そのお隣、スコットランドに伝承が残る女神を紹介します。

49ページへ！

大陸のケルトの女神

ヨーロッパ本土の「大陸のケルト」が信仰していた女神です。彼らの神話は失われているため、他民族の記録や出土品から女神の姿をよみがえらせます。

103ページへ！

トゥアハ・デ・ダナーンの女神

トゥアハ・デ・ダナーンとは、アイルランドの神話において主役を務める神の種族です。ケルト神話で特に重要なこの神族を、特別に分けて紹介します。

17ページへ！

ウェールズ、コーンウォール、ブルターニュ・ブリタニアの女神

この地域に伝わる神話は、5世紀ごろにイギリス中心部から追い出されたケルト人「ブリトン人」の神話です。

79ページへ！

ケルト神話のなかでもアイルランドに伝わる神話は量が多く、多くの女神が語り継がれています。そこでアイルランドの神話の主役である「トゥアハ・デ・ダナーン」の女神と、それ以外のアイルランドの女神は、別の章で紹介しています。

この本の読み方

これが女神を紹介するページの見出しですのね。
いろいろ書いてあるようだけど、どこに何が書いてあるのか、教えてもらえないかしら？

データ欄の見かた

女神分類アイコンの意味

ダーナ神話……トゥアハ・デ・ダナーン神話の女神

アルスター神話……アルスター神話の女神

フィアナ神話……フィアナ神話の女神

その他神話……左の３つの神話以外に登場する女神

ウェールズ……ウェールズの女神

ブリタニア……イングランド（ブリタニア）の女神

女神・ヒロインの名前

女神・ヒロインデータ

欧文表記：女神名のアルファベット表記。
別名：欧文の別名、綴り違いを表示。
別表記：日本語訳のバリエーションを表示。
種族：属する神の一族名を表示
名前の意味：女神の名前がどのような意味かを表示。
出典：女神の存在がはじめて知られた文献、発掘物。

データ欄の見方はこのとおりです。
名前の下には、６項目のうちその女神に必要なデータだけを書きました。
さあ、それではそろそろ出発しましょうか。

17 ページから、ケルト神話の女神とヒロインを紹介！

萌える！ ケルト神話の女神事典 目次

あの子に内緒で神様になろう！……6
はじめに……9
はじめに知っておきたい「ケルト」ってなに？……10

トゥアハ・デ・ダナーンの女神……17
アイルランド・スコットランドの女神……49
ウェールズ・コーンウォール・ブルターニュ・ブリタニアの女神……79
大陸のケルトの女神……103

ケルトの薫る女性たち……129

ブリギッド様が教える！ケルト神話＆文化講座……135
ブリギッド様のケルト神話講座……138
アイルランドの神話……140
ウェールズ神話……160
コーンウォール・ブルターニュの神話……168
大陸のケルト神話の生き証人『ガリア戦記』を追う！……170
ケルト人の文化と歴史……172

Column

はじめてのケルト神話講座
水にこだわるケルト神話……36
三柱一神のケルト女神……43
「ゲッシュ」の誓約と呪い……48
ケルト人と巨石文明……60
エリンの四秘宝……78
ケルト神話と妖精……102
ケルトの母系社会……128

『アーサー王伝説』ができるまで……166

トゥアハ・デ・ダナーンの女神

　ケルト人の神話は、住んでいた場所ごとに内容に大きな違いがあります。なかでももっとも神話の量が豊富で、多くの神々が伝えられているのが、ヨーロッパ最西端の島アイルランドに伝わる神話「アイルランド神話」です。
　この章ではアイルランド神話の女神のうち、神話の主役である神の一族「トゥアハ・デ・ダナーン族」の女神だけを紹介します。

Illustrated by 皐月メイ

モリガン

ケルト神話基礎講座①

アイルランド神話の主役 トゥアハ・デ・ダナーン

アイルランド神話の神の一族を紹介します。

「トゥアハ・デ・ダナーン」とは、アイルランド島の神話に登場する神の一族です。
アイルランドの神話では、この一族の神々が、さしずめ主人公のような立場になっていますね。

へー、そーなんだ。
じゃあじゃあ、その「主役」の神ってどんな神様なんだ～？

名前の意味は“女神ダヌの子ら”

「トゥアハ・デ・ダナーン」は、
外国からやってきて、アイルランド島に移住した神の一族です。
どんな一族だったのか、簡単に紹介しましょう。

トゥアハ・デ・ダナーンとは、アイルランド神話においてもっとも濃密に描写され、多くの主役級の神を輩出している神の一族です。通称「ダーナ神族」とも呼ばれる彼らは、髪の色が金髪で青い眼を持ち、身長がとても高い種族でした。

その名前は「女神ダヌの子ら」という意味で、20 ページで紹介する女神ダヌの子孫で構成されています。外海からの移住者である彼らは、海洋民族フォモール族、先に移住していたフィル・ボルグ族とライバル関係にあります。

トゥアハ・デ・ダナーンの家系図

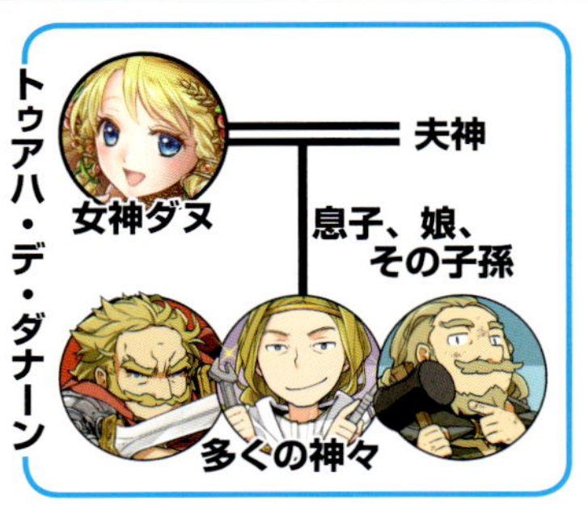

ふうん、金髪長身の美形ばかり集まった種族なのね。
いかにも主人公らしいじゃない。
私ももともとはこの種族出身だったにちがいないですわね。

トゥアハ・デ・ダナーンの主要神格紹介　女人禁制!

これから皆さんには女神たちを紹介するつもりなのですが……。
神話を知ろうと思えば男性の神のことも知らなければ難しいでしょう。
この機会にまとめて紹介しておきましょうか。

銀腕王　ヌァザ

ダーナ神族の初期の王。敵との決戦で右腕を失い、銀の義腕で補ったため“銀腕”の異名を持つ。

光神　ルー

ヌァザの戦死後に王位を継いだ光の神。戦いの技術と万能の才能を持ち、ダーナ神族を勝利に導いた。

豊穣神　ダグザ

豊作と多産をもたらす豊穣神。魔法の棍棒を武器として持つ。ヒゲもじゃで太っているがモテモテ。

医神　ディアン・ケヒト

光神ルーの祖父。医療の神で、切断された腕をくっつけ、致命傷を回復させる名医である。

鍛冶神　ゴヴニュ

鍛冶神。相棒であるルフタ、クルーニャとともに、必中必殺の投げ槍を量産することができる。

地底神　ミディール

神々が住む地下世界のひとつを支配する神。62ページのエーディンの物語に深く関わっている。

ずいぶん個性豊かな神々でございますね。
すべて同じ女神様から生まれた血族だとは見えません。
この神様がたが、どのような神話をつくりだしたのでしょう？

その後の彼らは……？

ダーナ神族は、島の先住種族すべてに勝利して島の支配権を手に入れましたが、その後にやってきた「ミレー族」の物量作戦に敗れ、力を失って地下世界などに逃亡してしまいます。ちなみにミレー族とは人間、すなわち現在この島に住むアイルランド人のことですね。くわしくは 144 ページでご説明します。

ダーナ神話

姿は見せずにビッグな存在感

ダヌ

欧文表記：Danu　別名：ダナ（Dana）、アヌ（Anu）、アナ（Ana）
種族：トゥアハ・デ・ダナーン神族　名前の意味：流れ

ダーナ神族の母なる神

18 ページで紹介したとおり、アイルランド神話における主要な神の一族「トゥアハ・デ・ダナーン神族」は、女神ダヌを母神とし、彼女の子孫で構成された血族である。そのためアイルランドの主要な神、19 ページで紹介したヌァザ、ダグザ、ディアン・ケヒトなどはみなダヌの息子か子孫だとされている。

ダヌはこのような「神々の母」という属性に加え、火とかまど、生命と詩歌の守護神として崇拝された。ただし彼女は神話に名前が登場するだけで、その活躍が物語として描かれることはほとんどない。数少ない例外には、ダヌは朝日とともに生まれ、そのとき家が炎で明るくなり、火柱が天に立ち上ったという記述がある。

ダヌの血縁関係については、曖昧な点や謎が残る点が多い。まず、ダヌは豊穣神ダグザの 3 人娘のひとりだとする文献がある。また、ダグザの 3 人娘は全員「ダヌ」という名前だとする場合もある（➡p43）。

また、女神ダヌはトゥアハ・デ・ダナーン神族の宿敵であるフォモール族（➡p50）の王とも子供を儲けているが、この子供が芸術と文学の守護神三兄弟「ブリアン、ヨハン、ヨハルヴァ」だとされている。つまり、そもそも誰がダヌの子供なのかもはっきりわかっていないのである。

ダヌの別の姿とそのルーツ

アイルランド神話には多くの女神が存在するが、そのなかには「実はダヌと同じ神である」可能性を指摘される者が多い。技術と生命などの守護女神ブリギッド（➡p22）、カラスの女神モリガン（➡p26）、アイルランド南方の豊穣の女神アヌなどが代表的だが、そのほかにもウェールズ神話の母神ドーン、リアンノン（➡p86）などは、ダヌの原型となった古い女神から枝分かれした、同根の存在だとされる。また、ロシア西部を流れるドン川、東欧を横断するドナウ川の名前も、この「ダヌの原型になった古い女神」の名前からつけられたものであるらしい。

現在ヨーロッパに住んでいる人々は「インド・ヨーロッパ語族」に属し、よく似た言語と神話体系を持っている。ダヌの原型になった女神は、「インド・ヨーロッパ語族」に共通の母神であり、それゆえに名前が各地に残ることになったのだろう。

マンスター地方には、ダヌさんのお仲間、アヌさんのオッパイがあるよ！「アヌの両乳房」って呼ばれてる双子の山で、標高 694m だって。すっごい巨乳だよね～、何カップあるんだ～？

illustrated by 南来えみ

ダーナ神話

女神と言ったらこの名前！

ブリギッド

欧文表記：Brigit　別名：ブリード（Brig）　種族：トゥアハ・デ・ダナーン神族　名前の意味：高貴なる者

全ケルトにその名を轟かせる

アイルランド神話に登場する神々のなかで、もっとも信仰を集めていた女神は、アイルランド島南東部、レンスター地方の女神であるブリギッドだ。

彼女は詩と霊感、戦い、工芸、牧畜、鍛冶、農業、そして治癒に生殖など、古代の人々の暮らしに必要なありとあらゆる加護を与えてくれる女神である。そのため知識の伝承者であるドルイドやバード（吟遊詩人）、戦士や王、職人、農民、牧畜民など、ありとあらゆる地位と職業にある人々がブリギッドの加護を求めて信仰したのである。そのためブリギッドは本拠地のレンスターだけでなく、アイルランド島各地でも広く信仰されていた。ブリギッド信仰には炎と灯りが重要な意味を持っていたため、彼女の神殿の前には消えることがないよう、火が灯されつづけていたという。

ケルトの神は、1 柱の神であると同時に 3 柱の神でもあるという「三柱一組」という考え方があり（➡p43）、ブリギッドも全員が同じ「ブリギッド」という名前を持つ 3 人姉妹の女神として信仰される。

またアイルランド島以外にも、フランスの女神ブリギン、ブリテン島の女神ブリガンティアなど、ブリギッドと同じルーツを持つと思われる女神が多数存在する。20 ページで紹介した女神ダヌの正体はこのブリギッドだという説もあり、ブリギッドとはケルトの神々のなかでも重要な、生命の源である母なる神だったとも、ブリギッドという名前自体が「女神」という意味の一般名詞だったという説も提示されている。

キリスト教の聖女に抜擢《ばってき》

ヨーロッパでキリスト教が広まると、古い神々は追いやられてしまうものだが、驚くべきことにブリギッドはきちんと生き延びている。しかもその性質を大きく変えることなく、キリスト教の聖女の位におさまってしまうのである。その移行は意外なほどスムーズに行われた。

キリスト教の聖女ブリギッドは、アイルランドのキルデアに修道院を創設した人物だ。その経歴は聖女になる前から特別で、キリスト教以前の宗教を信じるドルイドの家で生まれ、異界の牛の出す魔法の乳を飲んで育った。彼女の歩いたあとは花

アメリカ、ジョージア州メーコンの聖ジョセフカトリック教会にある、キルデアの聖女ブリギッドを描いたステンドグラス。

や草が生え、彼女が休んだ木の影にはきれいな水の湧き出る泉があったという。

さらに、聖女ブリギッドには不思議な力がそなわっていた。彼女がいくら人々に食べ物を与えても食料庫が空になることはなかった。彼女は１日３回牛の乳をしぼったが、彼女の牛は湖を満たすほどの牛乳を出した。さらに彼女はイースターで「エール」というビールの一種をつくる監督をしていたのだが、１袋のモルトと麦芽というわずかな材料だけで、17の教会に行き渡るほどの大量のエールを作ることができたといわれている。

聖女ブリギッド伝説のできるまで

この「聖女ブリギッド」についての伝説は、650年ごろ、コギトススという聖人伝の作者によって書かれた『ブリギッド伝』という文献に登場するものだ。その内容は実際の出来事ではなく、非常に伝説的なものとなっている。キルデアに修道院を開いたブリギッドという人物は実在した可能性があるが、彼女の業績には女神ブリギッドが持つ豊穣神としての力が山盛りに取り込まれている。その結果彼女は、まさに女神のような力を持つ人物として描かれている。

アイルランドでは女神ブリギッドへの信仰は篤く、カトリック教会が彼女を聖人とすることで取り込みを図ったという背景もあるらしいが、アイルランドの人々は聖女ブリギッドをただの聖人とすることでは満足しなかった。ブリギッドは天界の女王で聖母マリアと同一人物であるとさえ言われたのである。

聖女ブリギッドが修道院を開いたとされるキルデアは、アイルランドのレンスター地方にある。ここはケルト人の宗教ドルイド教の聖地であり、特に女神ブリギッドが信仰されていた。修道院も決してキリスト教一色というわけではなく、キリスト教とドルイド教が混在するような場所となっていた。毎年2月1日は聖ブリギッドの祭りが行われるが、2月1日はケルトの女神ブリギッドを祝うインボルグの祭りの日でもある。年に4回あるケルトの季節の祭りのひとつである。

このようにヨーロッパの宗教勢力と一般民衆のさまざまな思惑がからみあった結果、食料を尽きることなく与え、家畜や農耕を守るキルデアの守護聖人ブリギッドは、万能の女神ブリギッドと同化していった。特にアイルランドの田舎では、農業や牧畜に関係するたくさんの習俗が、ブリギッドの祭りと結びついている。

かつて三柱一組だったケルトの女神は、さらに多くの信仰を取り込んで、形を変えつつも現代に生き残っている。

聖ブリギッドの十字架は、いぐさや藁で編んだこの形である。

聖ブリギッドの十字架を、あなたの家の「梁（はり）」にかけてくれれば、その家のみなさんが、来年幸せに暮らせるように、その家が繁栄するようにしてさしあげますよ。

illustrated by ジョンディー

ダーナ神話
アルスター神話

あなたの血と死に様を見せて

モリガン

欧文表記：Morrigan　種族：トゥアハ・デ・ダナーン神族　名前の意味：大女王

勇士を駆り立て蛮行を煽る

モリガンは、同じく戦いの女神であるマッハ（➡p28）、ネヴァン（➡p30）と行動をともにすることが多い、アイルランド神話における運命の三女神「バイヴ・カハ」のひとりである。彼女は自在に姿を変える能力を持っており、戦場を訪れるときにはたいていワタリガラスの姿をとって戦いの場を飛び回り、戦士たちの士気を高揚させ、残虐心を煽り、彼らを血みどろの戦いへと駆り立てるのだ。その性質からであろう、モリガンを指して「異常かつもっとも邪悪な存在」と解説する文献もある。

しかし、モリガンには残虐な戦女神のみならず、性と豊饒《ほうじょう》の女神という側面もある。豊饒の属性をもっともよく示す逸話としては、ダーナ神族の最高神であり、豊饒と再生の神でもあるダグザとの関係がある。川で水浴びをしているモリガンに出会ったダグザは彼女と交わり、モリガンはその対価として、ダーナ神族と敵対しているフォモール族との戦いで、ダーナ神族を援助することを約束するのだ。豊穣の神と交わること、それ自体がモリガンを豊穣の神たらしめるものである。

性の女神の側面は、戦士を祝福し、加護を与えるところから来ている。彼女は見込みのある、あるいは気に入った戦士を見つけると、若く美しい女性の姿をとって戦士を誘惑する。その愛を受け入れた者は戦女神の援助を受けられるのだが、誘惑をけんもほろろに断り、モリガンを激怒させた人物がいる。それはアイルランド神話最強の英雄、クー・フーリンその人である。

英雄と戦女神の奇妙な関係

自身の求愛を受け入れなかったことに激怒したモリガンは、クー・フーリンへの復讐を誓う。そして彼が別の戦士と一騎打ちをしている最中に、ウナギや牛、狼とさまざまに姿を変えて襲いかかるのだが、ことごとくあしらわれては手痛い一撃を与えられ、返り討ちに遭ってしまうのだ。そしてボロボロに傷ついたモリガンは、最後に乳搾りをしている老婆に化け、一騎打ちで疲労困憊したクー・フーリンにミルクを与える。そのお礼にクー・フーリンは老婆すなわちモリガンを祝福し、彼女の受けた傷は癒やされるのだ。そのあとのモリガンは、時折クー・フーリンに危機の予言を伝えたり、加護を与えるなどしていることから、どうやら和解したものと見て取れる。

殺されるほどの恨みを買っても、魅力的な男が誠実に対応すれば、女神を惚れさせることもできるんじゃ。クー・フーリン殿のように自分を磨いて、モリガン殿のような強気な女神をデレさせるのもいいもんじゃぞ？

illustrated by 田島幸枝

ダーナ神話

アルスター神話

女神は三度生まれ変わる

マッハ

欧文表記：Macha　種族：トゥアハ・デ・ダナーン神族　名前の意味：カラス

戦女神らしからぬ逸話の数々

モリガン（➡p26）、ネヴァン（➡p30）と三柱一組の戦いの女神であるマッハは、ほかの2柱の戦女神には見られない役割を担い、人間と綿密に関わる特異な存在である。彼女はアイルランド至高の女神と呼ばれながら、神話内に3人の異なる女性の姿で登場し、生を受けるたびに重要な役割と仕事を成し遂げるのだ。

1度目は、アイルランド神話のきわめて初期に入植したネヴェズ族の王の妻である。そのネヴェズ族は、海からの侵略者フォモール族との戦いに敗れて種族もろとも滅ぼされ、マッハ自身も殺されてしまった。なおこのマッハは、死後に夫である王がとある野原に「マッハ平野」と名付けたことで、その土地の守り神になったのだという。

2度目のマッハは、アルスター王国を建国し、一時はアイルランド全土を支配したキンボイス王の妻となり、王の死後はみずから戦って国の支配権を守り続けている。

3度目に転生したマッハは、とても足が速いこと以外は普通の女性として、英雄クー・フーリンの所属する、アルスター王国の農夫クルンフの妻となっている。彼女はクルンフと結婚したあと、家に富を招き、しばらくして子供を身ごもった。

しかし、近いうちに子供が生まれるだろう、というころに、夫クルンフがアルスターの王に対して、私の妻は王の自慢する俊足の馬より早く走れる、と軽口を叩いてしまい、マッハは馬との競争を強いられるのだ。マッハはこの競争にこそ勝利するものの、その直後に双子を産み落とし、同時に生命を落とすのである。そしてマッハは死の間際に「アルスター王国が最大の危機を迎えた時、国の男たちは全員、出産の苦しみを味わい無力化する」という呪いをかける。この呪いは、のちに王国が滅亡の危機に陥ったとき（➡p66）に発動し、英雄クー・フーリンを大いに苦しめるのである。

マッハの持つ役割とは

マッハは地上に3回生まれ変わったが、1度目のときは魔術と宗教、2度目は戦闘と権力、3度目は富と豊穣（出産）に関連する存在になっている。これは19世紀フランスの比較神話学者ジョルジュ・デュメジルが提唱した、神の機能が「主権」「戦闘」「生産など」に3分割されるという「三機能仮説」に合致《がっち》している。マッハの転生は、この「神の3機能」を3人のマッハに分けたものだと考えられる。

モリガンさん、マッハさん、ネヴァンさんの「バイヴ・カハ」三人組はカラスの女神ですが、マッハさんひとりだけ「馬の女神」の要素が入っているのが独特です。

illustrated by 河内やまと

ダーナ神話
アルスター神話

死を予告する戦いの女神

ネヴァン

欧文表記：Nemain　種族：トゥアハ・デ・ダナーン神話　名前の意味：毒のある女

バズブは彼女と同じ存在

ネヴァンは、モリガン（➡p26）、マッハ（➡p28）、バズブとともに、三柱一組の戦いの神である。三柱一組なのに4柱の名前を挙げるのは、バズブとネヴァンが同一視され（バズブは「カラス」を意味する3人の総称「バイヴ」の古名）ネヴァンはバズブの好戦的な面を具現化した存在、と考えられているためである。

彼女は戦いの女神であり、属性を共有しているモリガンと同様に、ワタリガラスの姿となって戦場を飛び回る。好戦的な面を具現化した、という表現どおり、ネヴァンは特に凄惨な殺し合いが行われている戦場にあらわれ、戦士たちを狂乱させることで、さらなる殺戮を引き起こすのである。また、三女神たちは「その存在自体のみならず、わめき声でさらなる恐怖を巻き起こす」という能力に長けている。彼女たちは味方した陣営と敵対している軍勢の両方に向けて、わめき声を上げて恐怖を巻き起こし、それを聞いた100人もの敵軍兵士を、ただ恐怖のみによって死なせている。

三柱一組である彼女たちのなかでも、特にネヴァンは「浅瀬の洗い手」という、戦士たちに死を予言する役割が強い。神話の物語のなかで誰かに死の運命が近付くと、ネヴァンは戦士の前に姿をあらわす。彼女は小川の浅瀬に座り込み、目を真っ赤に泣き腫らしながら、戦死者たち、あるいは死にゆく運命にある者の、血まみれになった鎧や兜を洗うのだ。彼女に近付いて名前を尋ねると答えを返すが、それは近いうちに死ぬ人間の名前である。すなわち、ネヴァンが神話物語のなかでその姿をあらわすこと自体が、何者かの死の運命を予兆しているのだ。

英雄の死を予言したもの

ネヴァンもモリガンと同様、アルスターの英雄クー・フーリンと、特に彼の最後と深く結び付いている。クー・フーリンが最後の戦いの場へと向かう途中で、ネヴァンは「浅瀬の洗い手」として目の前にあらわれ、彼の鎧を泣きながら洗い、その死を予言するのである。そしてクー・フーリンは予言どおり、柱に身体を固定して立ったまま死ぬ。このあとネヴァンは、彼の死から3日後にカラスの姿に化け、彼の身体の上を飛ぶのだが、彼女はこの行為によって、英雄がカラスに反応しない、つまり完全に死んでしまったということを証明するのだ。

ネヴァン様は、これから死ぬ戦士の鎧を泣きながら洗われますので、同じくこれから死ぬ方の衣服を洗う妖精「バンシー」さんの原型だといわれています。バンシーさんについては102ページでご紹介いたします。

illustrated by 邑

ダーナ神話

恋の病と家庭の不和は、万能薬でも癒せない

アルウェズ

欧文表記：Airmed　別名：Airmid　種族：トゥアハ・デ・ダナーン神族　名前の意味：節度

医術一家の悲劇

アイルランド神話にはディアン・ケヒトという技術と医療の神がいる。彼の家族の多くは医療に関する能力を持っており、娘のひとりアルウェズは、特に薬草を集める能力を持ち、傷ついた神々をよみがえらせる魔法の泉を管理する女神である。彼女は一族が戦争をはじめると、傷ついたり死亡した神の体を泉に沈め、傷を癒して戦いに送り出すという、軍隊の衛生兵のような役目を果たす。

神話によると、人間の医療技術が神々に及ばないのは、彼女の禁断の恋心と、一家の内紛が原因だったという。トゥアハ・デ・ダナーン神族がフィル・ボルグ族という先住民族と戦ったとき、神々の王ヌァザは敵の王に片腕を切り落とされてしまった。アイルランドの王者は五体満足でなければならないという掟があったため、ディアン・ケヒトは王のために銀の義腕を作ったのだが、彼の息子ミアハは、血が通う肉でできた新しい腕という、父の作品よりも明らかに優れたものを作り上げた。これに嫉妬し立腹したディアン・ケヒトは、ミアハを殺してしまった。

実はアルウェズは、兄であるミアハを愛していた。アルウェズはミアハの墓で薬草を育て、それを彼女が管理する魔法の泉に移植しようとしたが、父はそれを許さなかった。ディアン・ケヒトはアルウェズに用事を申しつけ、彼女が離れている隙に薬草と雑草をごちゃごちゃに混ぜてしまったのである。このせいでアルウェズはどの草にどのような魔力があるかわからなくなり、彼女の知識が失われたおかげで、人間たちの苦しみが増したのだと言われている。

泉の貴婦人に姿を変えて

魔法の泉の守護神であるアルウェズは、イギリスの伝説的な王、アーサーの物語に登場する「泉の貴婦人」の原型になったといわれている。

アーサー王伝説に登場するときの彼女はローディーンという名で、バラントンの泉を守る黒騎士の妻である。バラントンの泉はフランスに実在する泉だが、伝説では狂気を癒やし、雨を降らせる力をもっているとされ、その水は大理石よりも冷たく泡立っているという。ほかにもアーサー王を導く魔術師マーリンが妖精ヴィヴィアンと出会うなどのいわくつきの泉であり、キリスト教以前の神秘に満ちた場所なのだ。

アルウェズさんたちが家族３人で井戸に呪文をかけると、その井戸の水が、かけるだけで傷がたちまち治る、ヒットポイント全回復ポーションに早変わり！　たくさん使えてお得だなっ！

illustrated by 蟹屋しく

ダーナ神話

ボインは浮き袋にはなりません!

ボアーン

欧文表記：Boann　別名：Boand　種族：トゥアハ・デ・ダナーン神族　名前の意味：牛

神聖な川の守護女神

ケルト人は、水に対して特別な信仰心を持っていた。世界的に見ても川や湖には守護神がつきものだが、ケルト神話ではそれが特に顕著で、川の一本、泉のひとつごとにその水場独自の「女神」がいることが非常に多いのだ。

このページで紹介する女神ボアーンは、アイルランド島東部を流れる「ボイン川」を作った女神であり、この川の守護神でもある。ボイン川は全長わずか 117km で、世界的な大河である中国の黄河《こうが》（全長 5464km）と比べればわずか 2% の長さしかない。だが歴史的、宗教的には非常に重要で、英雄フィン・マックールの知恵の鮭狩り（➡p158）など多くの神話の舞台になり、アイルランドの王が即位式を行う神聖な「タラの丘」、ボアーンの名前を冠した異界ブルー・ナ・ボーニャの入り口だとされた「ニューグレンジ遺跡」、そして歴代の首都などがこの川の流域にあった。

ボアーンは、トゥアハ・デ・ダナーン神族の王の地位に就いたこともある重要な神「豊穣神ダグザ」の愛人であり、ふたりのあいだには愛の神オィングスが生まれた。ボアーンがこの神を妊娠したとき、おたがいの愛人関係を世間に知られたくなかったふたりは魔法を使い、太陽の動きを 9 ヶ月止めることで、妊娠から出産までを「一昼夜」で終わらせたという神話が残っている。

ボイン川のできた理由

アイルランドには、ボイン川ができた理由を説明する神話がふたつある。

『レンスターの書』（➡p143）に収録された地誌『ディンヘンハス』第 3 巻第 2 詩によれば、ボアーンはネフタンという水神の妻だった。彼女はネフタン以外は入ってはいけない「シー・ネフタンの井戸」に入るというタブーを犯したため、井戸から噴き出した大量の水に飲み込まれてしまった。これが現在のボイン川の発祥なのだという。

アイルランド妖精研究の第一人者、井村君江《いむらきみえ》の《ケルトの神話》に収録された物語では、レンスター地方の小さな泉のほとりに 9 本の「ハシバミ」という木があり、食べれば世界の秘密がすべてわかるという木の実がなっていた。ボアーンは、どんなに偉い神も食べることを許されないこの木の実を食べようとしたが、そのとき聖なる泉から水があふれ出して川になり、ボアーンを飲み込んでしまったそうだ。

ボアーン殿の名前には「牛」という意味があるそうじゃな。
「ボイン」川の女神で、名前の意味が「牛」……。
……これはオッパイに期待が持てるのう !!

illustrated by つむじい

はじめてのケルト神話講座⑪

水にこだわるケルト神話

皆様はじめまして、私は妖精の島アヴァロンで、アーサー様のお世話係を務めている湖の乙女、ヴィヴィアンと申します。私たち「湖の乙女」と同じように、ケルト神話には水にまつわる女神がとても多いんです。なので、なぜ多いのかをご説明しに来ました♪

（ブリギッド謹製、旅のしおりをめくりながら）
……なるほど、43 名のうち、11 名が水関連の女神様なのですか。
これはびっくりするほど多いですねえ。

現代の人間たちも有効活用しているようでなによりですね。
せっかく 6000 年もそのままの形で残せたのですから、今後も末永く受け継いでいくようお願いしますよ？

ケルト人の“水”崇拝

ケルト人の信仰形態は、自然崇拝を基本にしています。彼らは山や森、川や泉などの自然には、それぞれの神が宿っていると考えていました。

数多い自然の神のなかでも、ときに生命を育み、ときに水難事故などで人間に死をもたらす水場への信仰は篤く、多くの女神が川ごと、泉ごとに個別に設定され、水への信仰を豊かなものにしています。

ケルト人は水の女神への信仰を表現するために、水の中に奉納品を沈めるという手法を使いました。奉納品として選ばれたのは当時のケルト人にとって貴重なものばかりで、戦車、武器、大釜のような実用品のほか、貴金属のコイン、神の姿をかたどった貴金属板などでした。近年これらの遺物が各地で発掘されて話題になっています。

デンマークで発掘された、ケルト時代の銀製の大釜（上）。直径 69cm と銀製としてはかなり大きなもので、現地にある泥炭沼（下）に、水神への奉納品として沈められたものだと思われる。

ヴィヴィアンのところに世話になっとるから言うわけではないが、ワシらケルト人にとって水は親しみ深いもんじゃ。異世界への入り口が水であることも多いぞ、たとえばアヴァロンへの交通手段も船と決まっとるしのう。

水の女神が住むところ

ケルト人の信仰では、自然の水がある場所には、かならずと言っていいほど女神がいました。その特徴や、人々が願うものは、水場の種類ごとに微妙に違っています。おおまかな傾向を紹介しましょう。

川

ケルト人にとって、河川とは生命の力があふれ出し流れているものでした。そのためかヨーロッパの川の名前の多くは、男神ではなく、その川を守護するケルトの女神の名前からとられています。

なお川全体のなかでも、川の水が湧き出す水源と、複数の川が合流する地点は、特に神聖な場所だと考えられていました。

泉

ケルト人は、地面から水が湧き出す「泉」は、癒しの力を持っていると考えており、欧州各地から多くの巡礼者を集めていました。

湧きたての綺麗な水は体を清潔にするために役立つほか、温泉や鉱泉には現代科学で立証されている薬効があるものが多いので、ケルトにおける「泉＝癒しの力」という構図には科学的裏付けもあります。

井戸

井戸は地下深くに掘られていることから、水神だけでなく大地の女神とも関係があり、大地と死者の国「冥界」をつなぐ通り道だと考えられていました。

ブリテン島の井戸からは、しばしば人間の遺体がコインとともに発掘されています。これは地獄の守護神に対する奉納品としての生け贄と財宝だと思われます。

湖沼

湖や沼は、生命の源である水が大量にたまっている霊的な場所だと考えられていました。そのためこれらの場所は水神信仰の拠点として利用されました。

湖と沼の女神への供物は、価値ある品物を湖や沼に沈めることで捧げられます。湖の入り江に、供物を投げ込みやすくするための舞台がつくられることもあります。

川、泉、湖、沼、井戸といったら、真水がある場所全部ではないですか。
これではヨーロッパじゅう、水の女神だらけになってしまいますわね。

このほかにも、126ページで紹介する河口の女神ネハレンニア、そして当然存在する海の女神など、水のあるところにはかならず女神がいます。
次のページでは、ケルトの水の女神の分布を、地図で紹介しましょう。

ケルトの水場の女神MAP

うむ、ヨーロッパ各地にある、ケルトの女神に関係する川や泉、湖などのなかから、代表的なものを調べて地図の上に書き出してみた。こうしてみると西から東までどこにでも女神がおるのう、よりどりみどりじゃわい。

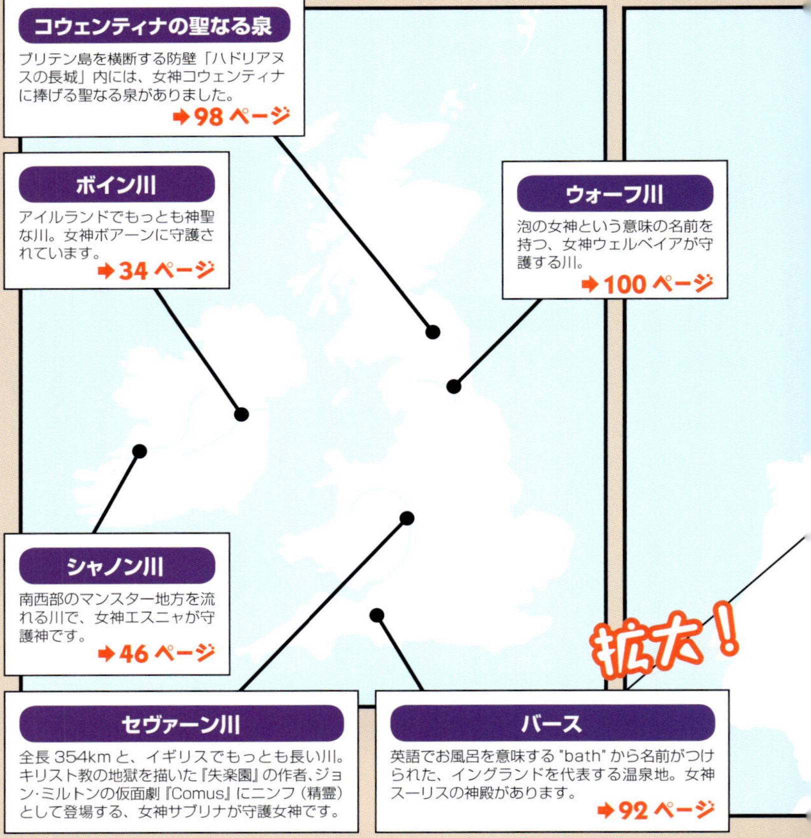

コウェンティナの聖なる泉

ブリテン島を横断する防壁「ハドリアヌスの長城」内には、女神コウェンティナに捧げる聖なる泉がありました。

➡98ページ

ボイン川

アイルランドでもっとも神聖な川。女神ボアーンに守護されています。

➡34ページ

ウォーフ川

泡の女神という意味の名前を持つ、女神ウェルベイアが守護する川。

➡100ページ

シャノン川

南西部のマンスター地方を流れる川で、女神エスニャが守護神です。

➡46ページ

セヴァーン川

全長354kmと、イギリスでもっとも長い川。キリスト教の地獄を描いた『失楽園』の作者、ジョン·ミルトンの仮面劇『Comus』にニンフ（精霊）として登場する、女神サブリナが守護女神です。

バース

英語でお風呂を意味する"bath"から名前がつけられた、イングランドを代表する温泉地。女神スーリスの神殿があります。

➡92ページ

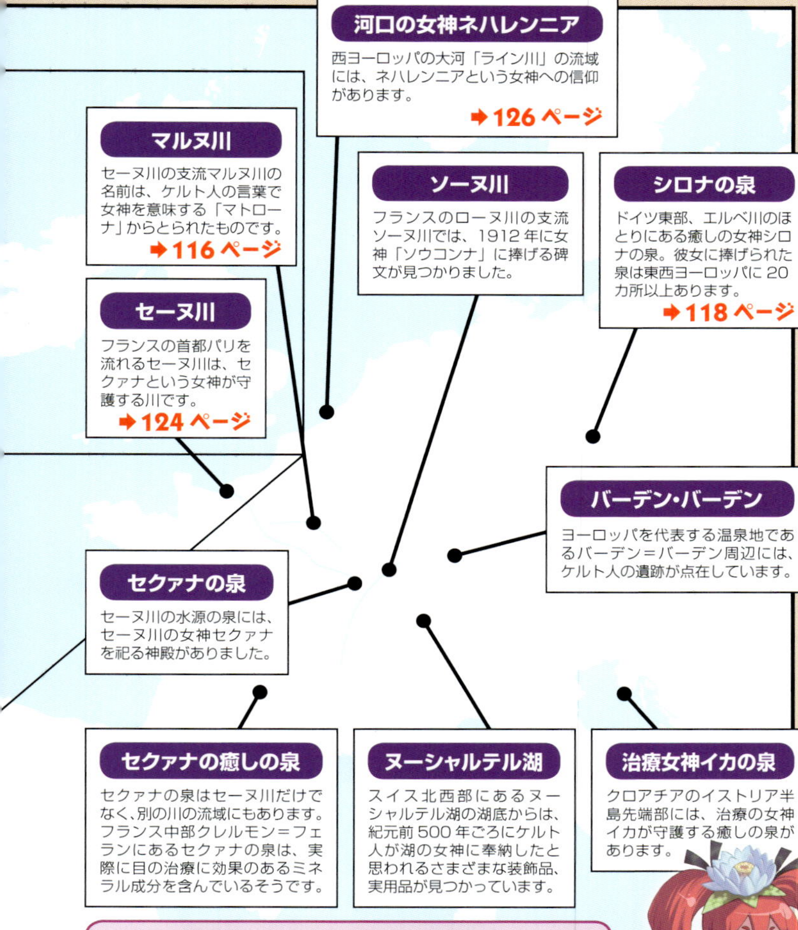

河口の女神ネハレンニア

西ヨーロッパの大河「ライン川」の流域には、ネハレンニアという女神への信仰があります。

➡126 ページ

マルヌ川

セーヌ川の支流マルヌ川の名前は、ケルト人の言葉で女神を意味する「マトローナ」からとられたものです。

➡116 ページ

ソーヌ川

フランスのローヌ川の支流ソーヌ川では、1912 年に女神「ソウコンナ」に捧げる碑文が見つかりました。

シロナの泉

ドイツ東部、エルベ川のほとりにある癒しの女神シロナの泉。彼女に捧げられた泉は東西ヨーロッパに 20 カ所以上あります。

➡118 ページ

セーヌ川

フランスの首都パリを流れるセーヌ川は、セクァナという女神が守護する川です。

➡124 ページ

バーデン・バーデン

ヨーロッパを代表する温泉地であるバーデン＝バーデン周辺には、ケルト人の遺跡が点在しています。

セクァナの泉

セーヌ川の水源の泉には、セーヌ川の女神セクァナを祀る神殿がありました。

セクァナの癒しの泉

セクァナの泉はセーヌ川だけでなく、別の川の流域にもあります。フランス中部クレルモン＝フェランにあるセクァナの泉は、実際に目の治療に効果のあるミネラル成分を含んでいるそうです。

ヌーシャルテル湖

スイス北西部にあるヌーシャルテル湖の湖底からは、紀元前 500 年ごろにケルト人が湖の女神に奉納したと思われるさまざまな装飾品、実用品が見つかっています。

治療女神イカの泉

クロアチアのイストリア半島先端部には、治療の女神イカが守護する癒しの泉があります。

へー、ほんとにヨーロッパじゅうにいるんだ、水の女神様。13 ページの地図と見くらべてみたんだけどさ、これってケルト人が住んでたとこには、ほとんど全部に水の女神の遺跡がある感じじゃない？

ダーナ神話

女神の名前がついた島！

エーリウ&バンバ&フォドラ

欧文表記：Ériu ／ Banba ／ Fódhla　名前の意味：豊満な者（エーリウ）、豚または女（バンバ）
種族：トゥアハ・デ・ダナーン神族

島を守った三姉妹

トゥアハ・デ・ダナーン神話は、侵略に次ぐ侵略の歴史である。光神ルーの活躍によりアイルランド島の支配権を手に入れたトゥアハ・デ・ダナーン神族にも、その栄光にかげりが差す時がやってくる。このページで紹介する女神、エーリウ、バンバ、フォドラは、トゥアハ・デ・ダナーン神族が侵略者に敗れた最後の戦いで、孤軍奮闘して輝きを放った三姉妹の女神である。

エーリウ、バンバ、フォドラの名前がはじめて神話にあらわれるのは、実は彼女たちが属するトゥアハ・デ・ダナーン神族の登場よりもかなり前の時代である。145 ページで紹介している年表にある「大洪水」が起きるより前の時代、ヴァン族という民族のエーリウ、バンバ、フォドラの三姉妹がアイルランドにはじめて上陸したと書かれている。だが彼女たちの子孫は疫病で滅んでしまった。

トゥアハ・デ・ダナーン神族の一員として登場するエーリウ、バンバ、フォドラの三姉妹が、大洪水の前の時代にアイルランドに上陸した三姉妹と同じ存在かどうかは不明である。今後このページで三柱の名前が出る場合は、トゥアハ・デ・ダナーン神話に登場する三姉妹のほうを指しているので注意されたい。

三姉妹の特性と神話上の役割

エーリウ、バンバ、フォドラの三姉妹は、同じような特性を持つ 3 柱の女神を 1 組に組み合わせて信仰する、ケルト神話やヨーロッパでおなじみの「三柱一組」の女神である。基本的に彼女たちの特性は、大地に豊かな恵みをもたらす豊穣神であり、アイルランドを統治する 3 人の王「マク・グレーネ」「マク・クル」「マク・ケーフト」にそれぞれ嫁入りしている。

海辺で竪琴を弾くエーリウ。2ページの地図と比較すると、アイルランドの国土の形を、女神の体と岩場、ハープの組み合わせであらわしていることがわかる。アメリカ人画家トーマス・ブキャナン・リード画。アメリカ、シンシナティ美術館蔵。

物語のなかではエーリウが特に目立っている。アイルランド神話の原典のひとつ『第二次モイ・トゥーラの戦い』では、エーリウは銀の船に乗ってやってきた金髪の美青年と恋に落

illustrated by 潮音

ちて交わるが、実は彼はフォモール族の王で、エーリウの実の兄であるエラザだった。ふたりの近親相姦で生まれた神はブレスと名付けられ、暴君として圧政を敷き、のちに追放されてトゥアハ・デ・ダナーン神族の宿敵となる。

ミレー族との戦いと交渉

アイルランド島の神話を歴史物語風に再構成した『来寇《らいこう》の書』によれば、トゥアハ・デ・ダナーン神族が支配するアイルランド島に、スペインから「ミレー族」と呼ばれる人間の種族がやってきたとき、神々は最初にやってきたミレー族を謀殺し、その賠償を求めるために大軍でやってきたミレー族とは偽の和平を結んでだまし討ちにするなど卑怯の極みを尽くした。これに怒ったミレー族は、トゥアハ・デ・ダナーン族との全面戦争を決意し、詩人アマーギンを先導役としてアイルランド島に大軍を上陸させ、アイルランドの聖地「タラの丘」へ進軍を開始した。

ミレー族の進撃を食い止めようとしたのは、本項で紹介している３柱の女神だった。彼女たちは魔力を駆使してミレー族を倒そうとするが、戦いに敗れ、目的を果たすことはできなかった。敗れた女神たちはそれぞれミレー族の代表者と交渉し、「島に自分の名前を付けてほしい」と頼んだ。詩人アマーギンはこれをこころよく引き受け、バンバやフォドラの名前を、アイルランド島のことをお洒落《しゃれ》に語るときに使う「雅《が》号《ごう》」として後世に受け継がせた。なかでも特にエーリウの勇敢な戦いぶりに感銘したアマーギンは、雅号ではなく「アイルランド島の正式な名前」をエーリウの名前からとって「エリン」と名付けた。これが、アイルランドという国の呼称「エール」の元となったとのことである。エーリウはこれを喜び、「これからあなたが手に入れる島はこの世でもっともよい国になり、あなたがたは優れた民となる」と予言した。

このあと聖地タラの丘まで進軍したミレー族は、トゥアハ・デ・ダナーンとの決戦に勝利し、事前の取り決めによりアイルランド全土を支配する権利を手に入れた。そして敗れたトゥアハ・デ・ダナーン族は地下世界に籠もったのだ。だが好奇心旺盛なトゥアハ・デ・ダナーンの神々はしばしば地上にあらわれ、食料をすこし盗んだり、人間にいたずらをしかけたりした。これこそがイギリスやアイルランドに伝わる「妖精」誕生のきっかけなのである。

トゥアハ・デ・ダナーン神族はなぜ敗れたか

トゥアハ・デ・ダナーン神族がミレー族に敗れた理由を探ると、意外なことに気づく。王である３柱の神々の名前が、太陽、ハシバミ（ヘーゼルナッツがとれる樹木）、犂《すき》（畑の土をひっくりかえす農具）に由来しており、それまで神話の中心にいたヌァザやオグマのような戦神の姿が見えない。

豊かさにおぼれ、戦う術を失ったゆえの敗北だったのかもしれない。

今でもアイルランドの人々は、自分たちが住む島をアイルランドではなく「エール」と呼んでいます、いわゆる自称というものですね。あなたがた日本人が、自国を Japan ではなく日本と呼ぶようなものです。

三柱一組（トライアド）のケルト女神

ブリギッド殿は美人で知的で素晴らしいのう。旦那のダグザ殿がうらやましい。ブリギッド殿の姉君か妹君に、独身の方はおらんのかな？　男どもが放っておかんぞ。

いちおう忠告しておきますが、よその女性に色目を使っていると、また奥様に浮気されてしまいますよ？　……ちなみに、姉妹はいますが皆既婚者です。ケルトの女神は三姉妹だらけなのです。

三柱一体の母神をかたどった、1世紀前後の浮き彫り。フランスのシャティヨン＝シュール＝セーヌ博物館蔵。

三柱一組の女神たち

ケルトの女神は3柱でひとつの存在「三柱一組（トライアド）」であるものが非常に多い。ここまで紹介した女神では、母神ダヌ（➡p20）、技術神ブリギッド（➡p22）、戦神モリガン（➡p26）などが該当する。

トライアドの女神は、左写真のように、ほぼ同じ姿をした3柱の女神が並んでいる、という状態で描かれる。

ケルトと他神話の「三柱一組」の違い

三柱一組の女神というのは、世界の神話を見渡しても、珍しいものではない。有名なところでは、ギリシャ神話の運命の女神モイラ（ローマ神話のパルカエ）は、運命をつむぐクロト、運命を維持するラケシス、運命を断ち切るアトロポスの3人組である。北欧神話にも運命の三女神ノルンがいる。これは1個のものごとの3つの側面「創造」「維持」「破壊」を3人組の女神として表現するもので、3つの側面（相）をあらわすことから「三相の女神」とも呼ばれる。同様の女神はヨーロッパだけでなく、アジア、アメリカなど各地にいる。だがケルト神話における3人組の女神は、これらの女神たちとはかなり性質が異なる。ケルト神話の三柱一組の女神は、ほとんどが、3柱全員が同じ名前だったり、名前は違っても3柱の特性がまるで同じだったりする。つまり1個のものごとの3側面を描写したのではなく、「同じ女神が3人いる」と考えたほうが適切である。

ケルト人がこのように同じ特性の女神3人組を盛んに信仰した理由は、「ご利益の強化」であろうと思われる。つまり3柱の女神がひとつの事象を守護することで、ひとりだけの女神よりも強い力を持つ存在だとアピールしたのであろう。

ケルト神話では豊穣の女神や水の女神に三柱一組の女神が多いのですが、これは単純に女神の数が多いのと……どちらも人間の生き死にに直結しますから、できるだけ加護の豊富な女神に人気が集まるのです。

フィアナ神話

麗しの奥方は鹿の女神!?

サイヴ

欧文表記：Sadhbh　別名：サバ（Saba）　種族：トゥアハ・デ・ダナーン神族
名前の意味：甘美　出典：フィアナ神話

甘美なる妖精国の貴婦人

常若の国《ティル・ナ・ノーグ》の姫サイヴ（意味は甘美）は、トゥアハ・デ・ダナーン族の優美な鹿の女神だ。

1910年、イギリスの画家アーサー・ラッカムが描いた「サイヴ」の肖像。優美さのなかにも、妖精としてのしたたかさが感じられる。

ある日のこと、猟犬が狩ろうとしない鹿を、騎士団長フィン・マックールが城まで連れ帰ると、鹿は夜更けに麗しき女性（サイヴ）の姿に戻り「デ・ダナーンの“闇のドルイド”の求愛を拒んだため呪われて鹿にされたのです」と告白する。彼女の呪いは、フィンの城に入ると一時的に解除されるらしい。

サイヴに強く惹かれたフィンの求愛に対し、サイヴは「人とは生きる速度が違うため、悲しい結末に終わります」と警告するが、フィンに押される形で契りを結んだ。以来フィンは、狩りも訓練も忘れてサイヴとの時間を過ごした。だが外敵と戦うために城を空けねばならならず、1週間後に戻って来ると、城にサイヴの姿はなかった。フィンに化けた“闇のドルイド”に騙され、ふたたび鹿にされて連れて行かれたのだ。

フィンは7年かけて国じゅうを探し回ったが、サイヴではなく裸の野生児を見つけた。彼を保護して言葉を教えると、自分の母親は鹿であり、その鹿は黒い男の術で連れて行かれてしまったと答えた。フィンはその子が、自分とサイヴの子であることを悟り、オシーン（意味は仔鹿）と名付けて自分の子として育てたという。

奇妙な鹿は妖精国への案内人

ケルト世界では、鹿は異界への使者とされている。アーサー王伝説でも、アーサーは優美な牡鹿を追って“探索の獣”を見つけ、円卓の騎士ガラハッド卿は白い牡鹿に導かれて聖杯に到達した。また、ウェールズの『マビノギオン』第1話『ダヴェドの大公プイス』では、プイス王はアカシカを追い、妖精界であるアンヌウヴンに到達する。そして『スコットランド高地地方と島々の迷信』のJ・G・キャンベルは「妖精の女性は優美なアカシカに変身し、他の鹿を引き連れて森を駆けるため、アカシカを狩ろうとする者に対して、妖精は魔法の矢で撃退しようとする」と言っている。

サイヴさんに呪いをかけた「闇のドルイド」は何者なのかしら？
女神に術をかけてあやつれるくらいだから、きっと人間のドルイドじゃなくて高位の神に違いありませんわ。

illustrated by p!k@ru

その他神話

アイルランド最南端の女神様！

エスニャ

欧文表記：Eithne　種族：トゥアハ・デ・ダナーン神族　名前の意味：炎

マンスター地方の月の女神

アイルランド島では、多産や豊作をもたらす大地母神に対する信仰が強く、土地の守り神が女性であることが多い。ここで紹介する女神エスニャもそのひとりで、彼女はアイルランド島南西部にある「マンスター地方」の南半分を守護する女神だ。ちなみにマンスターの北半分にもアーニャという似たような大地母神がいる。ふたりの女神の名前は、どちらも「炎」という意味である。

ただしエスニャは炎ではなく月の女神であり、家畜を守り、作物を豊作に導く大地母神として現在でも農夫たちに信仰されている。毎年6月24日の夏至前夜には、豊作を祝うエスニャの祭りが行われているのだ。

衣を奪われ人間の妻に

マンスターの民話によると、あるときエスニャは白鳥の姿で湖に舞い降り、女神の姿に戻って水浴びをしていた。このときエスニャは、自分の姿を人間から見えなくする魔法の衣を、不注意にも岸辺に置きっぱなしにしてしまったのだ。エスニャの変身を目撃した地元マンスターの領主「デスモント伯爵」は、この衣を隠し、エスニャに結婚を迫った。姿を隠せなくなったエスニャはしぶしぶ結婚を承諾したという。

ふたりのあいだに生まれたのが、アイルランドの民話で有名な魔法使いゲラルドだ。彼は女神エスニャから魔法を教え込まれ、魔法の達人に成長した。そのあとエスニャは、「ゲラルドがどんな術を使っても、決して驚いてはいけない」と忠告し、夫デスモンド伯もそれを了承する。ところがゲラルドが魔法で再現した宴会の光景があまりに見事だったので、デスモンド伯は思わず声をあげて驚いてしまった。約束が破られたことでゲラルドは死に、エスニャは伯爵の館から姿を消したという。

民話によれば、死せるゲラルドは母のエスニャとともに妖精界へ移住し眠りについたという。彼は7年に一度、部下を連れて湖の周囲をめぐる。また、デスモンド伯の国が危機に陥ると、部下とともに目覚めて国を救いにやってくるのだという。

この話のように、人間とは異なる世界に住む女性が、道具を奪われたせいで元の世界に帰れず、人間の妻になるという物語の展開は、日本の「羽衣伝説」やヨーロッパの「ヴァルキリー」の伝説など、世界各地で見られるものである。

6月24日はエスニャさんのお祭りの日だよ！　会場は、むかしエスニャさんが一晩で丘いっぱいにエンドウ豆を植えた「エスニャの丘」ってとこだって。早く行こうよターにゃ～ん！

illustrated by コノシロしんこ

はじめてのケルト神話講座③

「ゲッシュ」の誓約と呪い

うーん、どうやればターにゃんより先に神様になれるかなー。
ねえブリギッドせんせー、なんかこうスパーンって、あっというまにパワーアップできる方法ってないかなあ？

すぐにパワーアップ、ですか？
思い当たる方法はなくはありません。ゲッシュというのですが……。
正直に言って、お勧めはできませんよ？

ケルト神話の神々や英雄は、みずから立てた「誓い」によって、その行動を縛られている。これはきわめて強力な魔術的束縛であり、無傷で破ることはほぼ不可能と言っていい。アイルランド神話ではこれを「ゲッシュ（誓約の意味）」、ウェールズ神話では "tynged"（誓約）と呼んでいる。

ゲッシュを立てて守っている者には神の祝福が与えられ、すさまじい力が手に入るが、ゲッシュを破ると祝福は失われ、破った者は破滅してしまう。

ゲッシュの恐ろしいところは、自分自身だけでなく、他人がかけることも可能なことだ。魔術の才を持つ者がかけたゲッシュは、自分で誓ったものと同じように相手の行動を束縛・限定するのである。（➡p72）

神話におけるゲッシュの利用

ケルト神話では、物語のアクセントとして、ゲッシュが巧みに利用されている。

まずは謎解き要素としての利用がよく見られる。ゲッシュによって行動を制限された人物が、ゲッシュで設定された条件の穴をつくことで目的を達成するのである。日本でいえば「このはし渡るべからず」と書かれた看板を見て、橋の「端ではなく真ん中」を渡ることで切り抜ける有名な話と似ている。

もうひとつは、無敵の英雄が敗れて死亡する理由付けである。何百人を同時に敵に回しても蹴散らしてしまうような英雄も、策略によってゲッシュを破ることを強要されれば、力を大幅に失ってしまう。その隙に討ち取られたり、ゲッシュそのものの力で命を落としてしまうのだ。ケルト神話の英雄の死因は、ほとんどが直接的、間接的にかかわらずゲッシュと関係している。

クー・フーリンは、誤って鍛冶師クランの番犬を殺した事故から「クー・フーリン（クランの猛犬）」と名乗り、自分の名前にもなっている「犬の肉」を食べないゲッシュを立てていた。彼は物語終盤で、このゲッシュを敵に突かれて死んでしまう。

って、破ったら死んじゃうじゃーん!?
もっとラクちんで弱点がないやつを教えてよ～!!

アイルランド・スコットランドの女神

アイルランド神話には、主役であるトゥアハ・デ・ダナーン族以外にも複数の神の一族と、その一族に属する女神がいました。また、神々が異世界に去り、地上を人間が統治するようになったあとは、特別な力を持つ人間女性が物語を彩っています。

この章では、アイルランドとスコットランドの女神やヒロインのうち、「トゥアハ・デ・ダナーン神族」に属さない他種族の女神や、その後の神話で活躍した人間のヒロインを紹介します。

Illustrated by 皐月メイ

スカアハ

ケルト神話基礎講座②

アイルランドの神の一族

「トゥアハ・デ・ダナーン」以外の神の一族を紹介します。

18ページではアイルランド神話の主役「トゥアハ・デ・ダナーン」神族を紹介しましたが……アイルランドの神話には、ほかにも複数、彼らのライバルとなる神々がいるのです。

トゥアハ・デ・ダナーンのライバルたち

トゥアハ・デ・ダナーン神族と同時期にアイルランドに住んでいた、ふたつの種族とその外部関係者を紹介しましょう。ちなみにトゥアハ・デ・ダナーン神族が島に来る前には、もっと多くの種族がいたのですよ。くわしくは145ページで紹介しましょう。

ここで紹介するのは、アイルランド神話の主役である「トゥアハ・デ・ダナーン」神族のライバルや関係者として活躍する神々です。

襲撃者　フォモール族

アイルランド島の周辺に住んでいた一族。牛や馬など獣のような頭部を持つ蛮族として描かれます。指導者は巨大な魔眼を持つバロール王などです。

入植者　フィル・ボルグ族

ダーナ神族の前にアイルランド島に移住し、定住していた一族です。実はダーナ神族と同じ祖先を持つ元同族で、狩猟を得意としていました。

実力者　マナナン・マクリル

妖精王であり、海の向こうのマン島に住んでいる海神マナナン・マクリルは、豊富な財力を持ち、神々の争いにも影響力を持つ強力な第三者です。

アイルランド争奪!　神族相関図

アイルランド神話の序盤では、複数の神の一族によるアイルランド島の争奪戦が語られています。主人公であるトゥアハ・デ・ダナーン神族は、このふたつの種族と島の覇権を競ったのです。

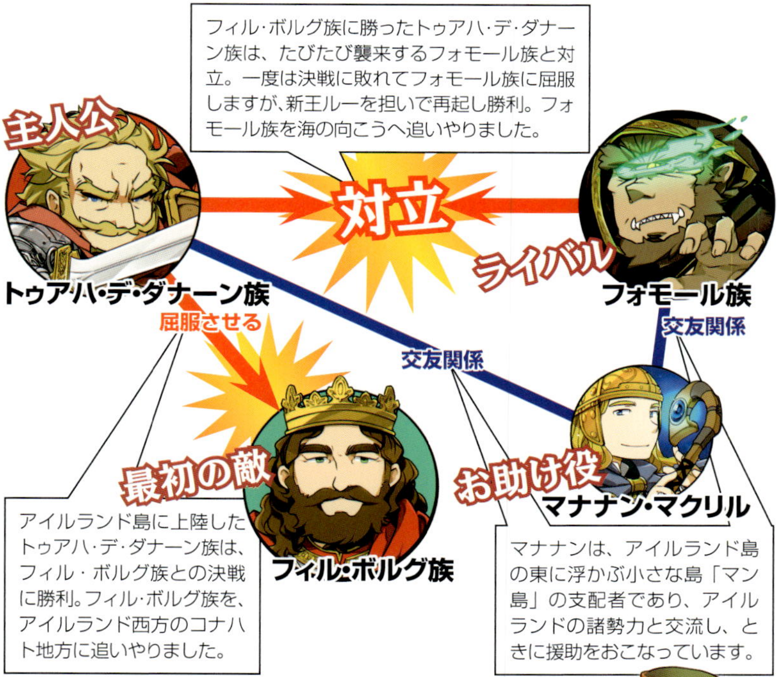
フィル・ボルグ族に勝ったトゥアハ・デ・ダナーン族は、たびたび襲来するフォモール族と対立。一度は決戦に敗れてフォモール族に屈服しますが、新王ルーを担いで再起し勝利。フォモール族を海の向こうへ追いやりました。
主人公
対立
ライバル
トゥアハ・デ・ダナーン族
フォモール族
屈服させる
交友関係
交友関係
最初の敵
お助け役
マナナン・マクリル
フィル・ボルグ族
アイルランド島に上陸したトゥアハ・デ・ダナーン族は、フィル・ボルグ族との決戦に勝利。フィル・ボルグ族を、アイルランド西方のコナハト地方に追いやりました。
マナナンは、アイルランド島の東に浮かぶ小さな島「マン島」の支配者であり、アイルランドの諸勢力と交流し、ときに援助をおこなっています。

アイルランドの神話は140ページから!

ちなみにここでお話しした、トゥアハ・デ・ダナーン族とそのほかの種族の争いは、広大なアイルランド神話のごく一部でしかありません。本書の女神のなかには、神々の争いの時代よりもあとの神話で活躍する者もいます。140ページからくわしく紹介していますから、ぜひそちらも読んでいただきたいところですね。

海の底は巨人のゆりかご

ダムヌ

欧文表記：Domnu　種族：フォモール族　名前の意味：深み

海底に棲む魔物の母

アイルランド神話の主人公であるトゥアハ・デ・ダナーン神族にダヌという母神がいるなら、そのライバルである巨人族にも種族の祖となった母神がいる。その名前は「ダムヌ」という。この名前は「深み」という意味であり、大洋の深淵《しんえん》や霧の深みといった異界につながる神だと思われる。

アイルランド神話のはじまりを描く『来寇《らいこう》の書』では、今から4000年以上前にアイルランドの大地が大洪水で一掃されてから、さまざまな民族が島の統治権をめぐって争ってきた様子が描かれている。この神話において、フォモール族は洪水の発生後、比較的早い時期からアイルランド周辺地域で生活していた。つまり彼らの母神であるダムヌは、トゥアハ・デ・ダナーン神族の母神ダヌよりも相当に古い女神であり、おそらくはアイルランドにケルト人（ゲール人）が入植する前に、母神として信仰されていた女神であろうと考えられている。

そしてフォモール族は、かつて現実世界のアイルランド周辺の島々に住み、船でアイルランド本島を襲撃し略奪していた実在のヴァイキングのような民族を、神話上の敵役として「神々と争う巨人族」に設定したものだと考えられている。フォモールとは「海の下」という意味であり、彼らフォモール族の王バロール（➡p147）が「島々の王」と呼ばれていることが、この仮説の有力な補強材料となっている。

女神ダムヌの血縁関係

ダムヌはアイルランド神話のなかではきわめてマイナーな神であり、神話にもほとんど名前をあらわすことがない。神話に登場する人物との関係を調べると、フォモール族の王「インデッヒ」が、ダムヌの直接の子であることがわかる。

トゥアハ・デ・ダナーン神話においては、フォモール族の王は魔眼を持つ「島々の王」バロールだとされることが多い。だが神話によれば、フォモール族はふたりの王を同時に立てていた記述がある。つまり神話に描かれた時代のフォモール族は、バロールとインデッヒの二頭体制を敷いていたというわけだ。インデッヒはフィル・ボルグ族との混血で、剛力で知られていた。その実力は確かで、「第二次モイトゥラの戦い」（➡p147）では、トゥアハ・デ・ダナーン神族の戦神オグマを倒している。

ダムヌさんの子孫であるフォモール族は、闇と悪意の種族だとされることがあります。悪の種族であるかどうかはともかく、深海といえば光の届かない闇の世界ですから、闇の種族というのは合っていると思いますね。

illustrated by Genyaky

ダーナ神話

開封厳禁の箱入り娘

エフニャ

欧文表記：Eithné　別訳：エフネ、エスニュ、エスリン　種族：フォモール族

フォモール族に破滅をもたらす娘

トゥアハ・デ・ダナーン神話において、主人公たちダーナ神族のライバルとして立ちはだかるフォモール族。その王は、見るだけで相手に死をもたらす魔眼の王バロールだった。彼にはエフニャというひとり娘がいたが、バロールにとって彼女は邪魔な存在でしかなかった。なぜならエフニャの存在そのものがバロールの地位と生命をおびやかすと予言されていたからである。

エフニャの物語は文字にして書き残されておらず、アイルランドに伝わる民間伝承で語り継がれていたものだ。彼女の外見は「絶世の美少女」だったことを除いて伝わっていないが、その存在は予言のとおり、神々の運命を変えたのである。

盗みの仕返しで命脈を絶たれる

アイルランドの民間伝承によれば、フォモール族の王バロールは、「自身の孫に殺される」という予言を受けていた。そこでバロールは、ひとり娘のエフニャが男と交わって孫を産むことがないよう、おそるべき監視体制を築きあげた。

まずアイルランド北方の孤島「トリー島」に塔を建て、エフニャを幽閉。彼女の世話をする召使いはすべて女性で固め、男の姿を自分を含めて一切見せず、召使いにも話させないことで、「この世には男と女という性差がある」ことすら知らせないようにして、エフニャが男と交わって子供を産む可能性を消し去ろうとしたのである。

この守りを崩したのは、ダーナ神族の青年キアンだった。彼はバロールに魔法の牛を盗まれたことを恨み、復讐の機会をうかがっていたが、バロールの予言を知ってエフニャに夜這いをかけることを決意した。

キアンは魔女の力を借りて孤島に接近、女性に変装して塔に忍び込むと、男性に免疫のないエフニャをたぶらかし子供を妊娠させる。バロールは三つ子として生まれたエフニャの子を殺そうとするが、３兄弟のひとりが生き残った。この赤ん坊こそ、のちにバロールを殺害する光の神ルーだったのである。

１９０５年の神話集『Celtic Myth and Legend』より、キアンと談笑するエフニャ。スコットランドの画家ハロルド・ロバート・ミラー画。

エフニャさんの伝説は、19世紀になってから発見された民話なんですって。こんなに重要人物なのに、文字に記録してもらえないとすぐ忘れられてしまうのですわね。私も、力をとりもどしたら気をつけましょう。

illustrated by るご

死ぬまで斧を振りましょう！

タイルトゥ

英語表記：Tailtiu　別名：ティルテュ（Talti）、テルタ（Telta）
種族：フィル・ボルグ族　名前の意味：整えられた、見目麗しい

アイルランドの平原を作った女神

アイルランドの国土を、土地の起伏や植生が見分けられる地図で見てみると、ブリテン島やヨーロッパ本土に比べて平坦で、樹木の少ない平原が広がっていることがすぐにわかる。トゥアハ・デ・ダナーン神話によれば、アイルランドに平原が多いのは、タイルトゥ、あるいはティルテュと呼ばれる女神のおかげなのだという。

タイルトゥは農業の女神として信仰を集めた女神である。もともと彼女は、トゥアハ・デ・ダナーン族がアイルランドにやってくる前にこの島を支配していた種族「フィル・ボルグ族」の一員で、彼らの王エオホズ・マクアークの妻だった。だがフィル・ボルグ族とトゥアハ・デ・ダナーン神族の戦いのあと、生き残ったタイルトゥはトゥアハ・デ・ダナーン神族に加わっている。

彼女の名前が神話の表舞台に出てくるのはその後である。54ページで紹介したエフニャが三つ子を産んだあと、生き残った赤ん坊を養母として育てたのがタイルトゥだったのだ。彼女は赤ん坊（のちの光の神ルー）をアイルランドでいちばんの神に育てあげると、「お前は私のために祭りを開くようになる」と言い残し、アイルランドの大森林を斧で切り開いて、クローバーの生い茂る農業に適した大平原に作り替えたのである。だがアイルランドの国土を斧一本で作り替える作業は神にとっても重労働であり、タイルトゥは過労で命を落としてしまったという。

アイルランド全土の人々はタイルトゥの死に嘆き悲しんだ。特に養子のルーの悲しみは深く、彼は養母タイルトゥのために定期的に祭りを開くことを決め、さらに彼女の切り開いた土地を養母の名前から「ティルタウン」と名付けた。この地名は現代でも、アイルランド東部、ミース州の地名として残っている。

収穫祭ルーナサ

ルーが主催した養母タイルトゥに捧げる祭りは、ルーの祭日である8月1日の前後1ヶ月にかけて行われるもので、彼の名前を取って「ルーナサ」と呼ばれている。この祭りは秋の実りを祝う収穫祭であり、農業の女神であるタイルトゥに感謝する祝祭でもある。ルーナサの祭りでは、乗馬競技や格闘技などのスポーツ、男女の求婚などのイベントが行われ、アイルランドがキリスト教化したあとも現代まで続いている。

ようし、ひとつワシも、このスポーツ大会に出てみるか。なにせ紀元前1829年まで歴史をさかのぼれる最古の競技会じゃからな、腕試しをするには最高じゃろうよ！

illustrated by えめらね

今日も楽しく岩を運ぼう

ブイ

欧文表記：Buí　別名：ブア（Boí）　種族：不明

光神ルーの妻のひとり

トゥアハ・デ・ダナーン神族の若き王、光神ルーには４人の妻がいた。その名前はそれぞれブイ、ナース、エクタッホ、エングリックと伝わっているが、このうちブイとナースは姉妹で、ブリテン島の王であるルアドリの娘だった。

この妻たちは、神話においては名前くらいしか書かれていない地味な存在だが、アイルランド島の地理においては確かな存在感を示している。34ページで紹介したアイルランド神話の重要な川「ボイン川」の流域にはノウスという土地があり、神話において、ブイはこのノウスで暮らし、墓もここに作られたとされている。

現実世界のノウスにはブイの墓とされる巨大な墳丘《ふんきゅう》遺跡「ノック･ブイ（ブイの丘）」または「ブルー・ナ・ボーニャ」が残っており、このことからアイルランド神話に取り入れられる前のブイは、ボイン川周辺に豊作をもたらす大地の女神であり、過去の有力な女王を神格化して生まれた存在ではないかと推測されている。

魔女「カリアッハ･ヴェーラ」の原型に

ケルト神話の研究者であるジェームス・マキロップの『Dictionary of Celtic Mythology』によれば、女神ブイはケルトの冬の魔女「カリアッハ･ヴェーラ」（➡p76）と深い関係があるという。つまりブイとカリアッハ・ヴェーラは同じルーツを持っている可能性があるのだ。

このような説がたてられる理由は、カリアッハ・ヴェーラがアイルランドやスコットランドに点在する巨石遺構《いこう》（➡p60）を作った女巨人だという伝承があり、ブイの墓がある「ノック・ブイ」には多数の巨石遺構が存在するからだ。

例えば、アイルランド南西部にある半島のひとつ「ベアラ半島」は、名前からもわかるようにカリアッハ・ヴェーラが作った半島だと信じられている。彼女は自分のエプロンの裾を袋状にたくしあげ、そこにたくさんの石を入れて運び、ぶちまけて作ったのがベアラ半島だという。そしてスコットランド西側に無数に点在する島々ヘブリディーズ諸島も、同様の方法でカリアッハ・ヴェーラが作ったものだとされている。

このようにブイ（＝カリアッハ・ヴェーラ）は、アイルランドの国土の一部をつくりあげた、この島にとって重要な女神なのである。

妹のナース様はルー様の子供を産んでいるのに、ブイ様が子供を産んだという神話がないのは残念ですわね。
光の神と冬の女神が結婚したら、どんな神様になるかしら？

illustrated by たかなしA

はじめてのケルト神話講座④

ケルト人と巨石文化

ねえねえブリギッドせんせ～。アイルランドとかブリテン島って、でっかい石がキレイに並んだ遺跡がたくさんあるよねー。あれってなんなの？

アイルランド・ブリテンの巨石記念物

たしかに、ケルト人が住むアイルランド島やブリテン島には、巨大な石を組み合わせた遺構や建造物がたくさんあります。
世界的にも有名な「ストーン・ヘンジ」などが代表的ですね。

ストーン・ヘンジ

　イングランド南部のソールズベリー郊外にある、約 4000 年～ 4500 年前に作られた巨石記念物。世界遺産に認定されています。

　3 つの石を組み合わせて作った巨大な門状の構造物 5 組を中心に、高さ 4 ～ 5m の立石を直径 100m の円形に並べて作られています。

ストーン・ヘンジは巨石記念物のなかでも特に大がかりなものです。ほかにもさまざまな形、さまざまな配置の巨石記念物が、ブリテン島とアイルランド島、それとフランスのブルターニュ半島に点在しています。

うーん、今にも崩れそうなのに、何千年もこのままの姿だったということは、見た目以上に安定しているのですわね？
これってかなり高度な技術なのではないかしら。

支石墓（ドルメン）。遺体の埋葬地を立石で囲み、その上に巨大な天井石を載せたものです。

無数の石が整然と並ぶ「列石（アリニュマン）」。

「ケルト人」のものではなかった巨石記念物

ストーン・ヘンジをはじめとする巨石記念物は「ケルト文化の遺跡」だと誤解されることがありますが、ブリテン島やアイルランド島の巨石建造物は、おおむね今から6000年ほど前、紀元前4000年から紀元前3500年のあいだに作られたものだとする説が有力です。この時期、ケルトという民族はまだ生まれていませんでした。

ただし、巨石記念物とケルトが無関係というわけではありません。すでに製作された巨石記念物を、ケルト文化を学んだ島民が何かに利用したことは考えられます。

巨石はだれが運んだもの？

石というものは、天然の岩場で切り出し、使う場所まで運ぶものだが……。このような巨大な石を何十 km も運ぶことができたのか？不可能とは言わんが、大変すぎる気がするがのう。

たしかに、巨石記念物のなかには、採石場から遠く離れた場所に設置されたものもあります。このような巨石のなかには、石切場から運ばれたものだけでなく、氷河によって運ばれたものがあったという説があります。

アイルランドの地形は、平原が多いのが特徴です。これは北から流れてきた氷河が、アイルランドの大地の表面を削り取ったからだといいます。この氷河に含まれていた巨石が、氷河が溶けたことで大地に残されたのですね。

なーるほどー。たしかに、お引っ越しした先にでっかい石がゴロゴロ並んでたら、とりあえず積んでみたくなるよねー。レゴブロックみたいで楽しそーだし！

現代ドルイド教と巨石

20世紀中盤以降、考古学と民俗研究の活発化により、古い時代の宗教研究が進み、土着宗教を復興させる「ペイガニズム運動」が盛んになりました。

イングランドやアイルランドでは、現代ドルイド教や魔女教（ウィッカ）など、ケルト系宗教の指導者が、巨石記念物を宗教的シンボルとして儀式などに利用しています。

ストーン・ヘンジで儀式を行う現代ドルイド教の信仰者たち。

現代の人間たちも有効活用しているようでなによりですわ。せっかく6000年もそのままの形で残せたのですから、今後も末永く受け継いでいくようお願いしますよ？

アルスター神話

美しすぎてごめんあそばせ

エーディン

欧文表記：Étaín　別名：Edain、Aideen、Etaoin、Éadaoin、Aedíin
種族：人間？　名前の意味：情熱、嫉妬

ケルト神話でもっとも美しい女性

ケルトの神話伝説には多くの美女が登場するが、このエーディンはなかでもきわめつきで、神々に認められた「全アイルランドでもっとも美しい」女性である。神話では多くの言葉を重ねて彼女の美貌を表現しようとしている。例えば『ダ・デルガの館の崩壊』という物語での描写は比較的あっさりとしたものだが、それでも「金髪はふたつに分けられ、頬はジギタリス（キツネノテブクロ）のように赤く、瞳はヒヤシンスのように青く、歯はちりばめた真珠を思わせ、両手は雪のような純白であった」と、その美しさをほめちぎっている。

だが美女だからといって平穏で幸せな人生を送れるというわけではない。彼女は数奇な運命により、変身し生まれ変わった女性なのである。

美女エーディンの転生神話

トゥアハ・デ・ダナーン神族が地上の統治権を人間に譲り渡し、異世界に移り住んだあとの時代のこと。異界を支配する神ミディールは、もっとも美しい女性と結婚したいと望み、エーディンを妻に迎え入れた。しかしミディールの最初の妻はエーディンに嫉妬し、彼女を紫色の蝶（あるいはハエ）に変えてしまう。姿が変わってもエーディンは夫を愛し続けたが、それに怒った最初の妻が魔法の風で彼女を吹き飛ばした。このときエーディンはエタアという王の館で飲み物の中に落ち、王妃に飲み込まれてしまう。まもなく王妃は美しい娘を産み、彼女はエーディンと名付けられた。このとき初代エーディンの誕生から1012年の月日が経っていた。

エタア王の娘エーディンは「エオハズ」という王と結婚するが、一方で妻を失ったミディールはエーディンのゆくえを探し続け、彼女が人間界で生まれ変わったことを見つけ出した。ミディールが策略によってエーディンを奪い取ると、エオハズ王も妻を奪還に向かうのである。

妖精界で夫ミディールと抱きあうエーディン。後ろ姿が彼女の美貌への想像力をかきたてる。『THE HIGH DEEDS OF FINN AND OTHER BARDIC ROMANCES OF ANCIENT IRELAND』収録の、アイルランド人画家ステファン・リードの挿絵より。

この神話の結末は２パターンあります。エオハズ王がエーディンを取り戻すか、エーディンと間違えて「エーディンと自分の娘」を連れ帰り結婚するか……エオハズさん、そこは気づかないといけないでしょう。

illustrated by 御園れいじ

乙女に約束されたのは悲劇のみ

ディアドラ

欧文表記：Deirdre　別名：Derdriu　別表記：デアドラ　種族：人間　名前の意味：災いと悲しみを招く者

運命に翻弄された美女

ディアドラとはアイルランドの言葉で「災いと悲しみを招く者」という意味である。この名をもって神話に登場する「ディアドラ」という女性の人生は、数々の“災い”に翻弄され、まさに悲劇のヒロインと呼ぶにふさわしいものだった。

ディアドラは、トゥアハ・デ・ダナーン神族が人間との争いに敗れ、地上の支配権を人間に明け渡したあとの時代を描く「アルスター神話」の初期の物語に登場する。

彼女がアイルランド島北東部を占めるアルスター王国の家臣の娘として生まれたとき、「この女の子は美しい女性になるが、アルスターの男に死と破滅をもたらす」という予言が下った。だがアルスターの王コンホヴァルは、その運命を取り除くため「この子を将来自身の妻に迎えるまで匿《かくま》って育てる」と宣言し、誰の目にもつかない森深くの砦に幽閉して育てた。乳母と番人以外には誰にも会わず成長したディアドラは、コンホヴァル王の期待どおり、もっとも美しい娘に成長する。ところがディアドラはノイシュという男性に恋をし、その兄弟の助けでノイシュと駆け落ちしてしまうのである。

王の復讐とディアドラの抵抗

美しい婚約者を奪われた王は激怒した。王は怒りを隠して、部下の戦士フェルグスに、ノイシュとディアドラを許すので、彼らを迎えに行くよう命じたのだが……これは王が仕掛けた罠であった。ノイシュとその兄弟は、フェルグスと引き離された隙に王の手勢に襲われ、数百人の戦士を道連れにしつつも命を落としてしまった。

そして王の怒りはディアドラ自身にも向けられ、ディアドラは「王と、“ノイシュを殺した男”のふたりの妻となる」という屈辱的な待遇を受ける。これに対して、ディアドラはみずから命を絶つことで誇りを守り、王の仕打ちに抗議したのだった。

ディアドラの墓はノイシュの墓の隣に作られたが、のちに両方の墓から生えたイチイの木がおたがいの枝を絡ませ、決して引き離すことができなくなったという。

ノイシュたち3兄弟とともに身柄を拘束されたディアドラ。1905年『Celtic Myth and Legend』の挿絵より。イギリス人画家J.H.F.ベーコン画。

このフェルグスが護衛対象のノイシュたちから離れたのは、「ゲッシュ」（➡p48）という呪いを使った、王の策略だそうですわ。呪いを使って部下を罠にはめるとは卑劣ですわね、これだから人間は……。

illustrated by 雨あられ

牛を求めてチーズで死んだ

メイヴ

欧文表記：Méabh　別名：Medb、Maeve　名前の意味：酔わせる者

アイルランドの統治の象徴

メイヴは、神々が異世界に逃れ、人間が地上を支配しているアルスター神話の時代に、アイルランド北西部を占めるコナハト王国の王妃として実権を握った女傑である。時代的に考えて彼女は人間であるはずだが、豊穣、繁殖、性愛、統治権、死などの属性を持つ女神のようにも扱われている。もっとも、アルスター神話の主要人物は神の血を引くものが多く、神のごとき力を持つものがいても不思議ではない。

アメリカのイラストレーター、J.C.ライエンデッカーによるメイヴのイラスト。

彼女には数々の神性が指摘されているのだが、中でも特に重要な属性は統治権だ。メイヴは「彼女と結婚した者が王となれる」血筋であり、神話に登場するコナハトのアリル王も、彼女の夫なることで王権を得た9人の男のひとりにすぎない。また物語中では自身の持つ王権を餌に、数多くの戦士たちを死地に送っているのだ。そして彼女は、ただわがままなだけの女王ではない。メイヴはみずから戦場に立ってコナハトの軍勢の指揮を取るのみならず、戦車をあやつり剣を振るい、最前線で戦う武勇も見せている。

女王は欲望で国を動かす

メイヴ女王は、アルスターとコナハトが大戦争を繰り広げ、その中で英雄クー・フーリンが超人的な活躍を魅せる物語『クーリーの牛争い』に登場する。

物語は、コナハトの王アリルと王妃メイヴが、おたがいの財産を自慢しあうところから始まる。メイヴはこの財産比べで、夫がすばらしい白い雄牛を持っていることを知り、それに匹敵する牛がどうしても欲しくなるのだ。そしてアルスターのクーリーに、白い雄牛と同等の価値を持つすばらしい褐色の雄牛がいることを知る。彼女はさっそく持ち主の元へと使者を送り、大量の財産や土地、そして自身と一夜をともにする権利と引き換えに牛を貸して欲しい、と交渉させるのだが、あと一歩のところで決裂してしまう。これを受けたメイヴは怒り狂い、力づくで雄牛を奪うと決める。そしてメイヴはみずからコナハトの軍を率いて、アルスターの領土へと攻め入り、7年間に渡る大戦争の火蓋が切って落とされるのだ。

メイヴの進軍と同時に、アルスターにかけられた「国が最大の危機を迎えた時、男たちは全員、産みの苦しみを受けて無力化する（➡p 28）」という呪いが発動したことから、彼女が雄牛を奪うのみならず、アルスターの征服をも考えていたと思われる。ただし英雄クー・フーリンだけは、神の加護によって呪いから逃れていた。そして彼はたったひとりで、メイヴ率いるコナハト軍と戦い続けて進軍を遅らせ、アルスターの国王と戦士たちが呪いを破り、体勢を整えるまでの時間を稼ぐのである。

恨まれた英雄は死地へと向かう

クー・フーリンが必死に時間を稼いだおかげで、アルスターの戦士たちは体勢を立て直し、最大の危機から国を守ることに成功した。そしてコナハト軍は敗退し、両国は和睦を結ぶことで戦争に決着をつけたのである。だが非常にプライドの高いメイヴは、クー・フーリンと戦い不本意に見逃され命を拾ったこと、戦争でさんざんに苦しめられたこと、欲しかった牛が戦いの最中で死んでしまったことを恨み、英雄への復讐の機会をうかがい続ける。そして自身と同じくクー・フーリンに恨みを持つ、彼に父親を殺された子供たちを見つけると策略を練り、その子らに数々の魔法を習得させ、クー・フーリンを討たせるべく差し向けるのである。

この子供たちは、魔法でクー・フーリンを錯乱させ、コナハト軍の待ち伏せている戦場へと向かわせる。さらにその道中で、クー・フーリンに彼のゲッシュ（ケルトの戦士が誓う魔術的禁忌。破ると破滅が訪れる。➡p48）を破らせてその力を削いだ。そして正気を失ったまま戦場に到着したクー・フーリンは、策略によって必殺の投げ槍ゲイ・ボルグを奪われ、それで身体を刺し貫かれて命を落とすのである。

メイヴ女王の奇妙な最後

クー・フーリンへ間接的ながらも復讐を遂げたメイヴは、その後何十年ものあいだコナハトを統治していたが、晩年は引退して小さな島へと移り住み、そこで余生を過ごしていた。だが長年に渡って憎しみと恨みを振りまいてきた彼女は、復讐者の手によって最期を迎える。アルスター王国のフルベゼという男性は、メイヴに母親を殺されたことを恨み、彼女を暗殺するべく島へと潜入する。そしてフルベゼは、メイヴが毎日同じ場所で水浴びをすることを突き止め、その隙を狙い、食料として持ち込んでいたチーズのかけらを投石器で投げつける。こうして暴虐の女王は、チーズで額を撃ち抜かれて死亡したのである。奇妙に思われるかもしれないが、当時のチーズは石のように硬く重いものであり、凶器になっても何の不思議もない。

伝承によれば、メイヴ女王の遺体はアイルランドのスライゴー州にある、ノックナリ山の山頂に埋葬されたのだという。現在、ノックナリ山の頂上にはメイヴの墓が作られており、その墓は今なお周辺に住む人々に崇拝されているそうだ。

この性悪女が埋葬されたスライゴーの街を流れる川は、「メイヴの泉」とされる泉を水源に、泉、川、湖と有り様を変化させておる。これはメイヴの権威、悪、狂気を示すとか……おお、嫌われとるのう、当然じゃが。

illustrated by cinkai

アルスター神話

あの英雄は私が育てた

スカアハ

欧文表記：Scathach　名前の意味：影のような者、恐怖を与える者

影の国の女王は武芸の達人

アイルランド神話の英雄クー・フーリンが活躍する、アルスター神話に登場するスカアハは、アイルランドと海を挟んだスコットランドにあるという影の国（現在のスカイ島）の女王であり、同時に武芸と魔術に長けた女武者だ。彼女は自身の国で、見込みのある若者たちに戦いを教える学校のようなものを開いており、クー・フーリンをはじめとする、同神話内で活躍する英雄や猛者たちが、彼女の教えを受けている。

ただし、スカアハの教えを受けられるのは、数々の難所を乗り越え、彼女の元へとたどりついた「前途を嘱望《しょくぼう》された若者」のみである。そして若きクー・フーリンはその道のりで自身の武力を大いに振るったうえ、ケルトの英雄に欠かせない能力である大跳躍の術を我流で編み出すと、苦戦している英雄候補たちを出し抜き、いの一番でスカアハの前に立った。スカアハはクー・フーリンの勇気と豪胆さを高く買い、彼に自身の持つ戦いの技のすべてを伝授すると約束したのだ。

その後クー・フーリンは、１年と１日のあいだスカアハに師事し、武芸や戦術、魔術はもちろん、改めて戦闘用跳躍の術も身に付けた。そして最後に、スカアハは数多くの弟子の中で唯一、クー・フーリンのみに、彼女の秘術であり、のちに彼の代名詞となる必殺の投げ槍「ゲイ・ボルグ」と、その投擲《とうてき》方法を伝授したのである。

スカアハはすぐれた戦技のほか、未来の出来事を予見する予知能力も持っているのだが、その予言は非常に難解な言葉でしか伝えられないらしい。スカアハは弟子たちの前で、アルスター王国とコナハトの女王メイヴとの戦い（➡p66）の経過、そしてクー・フーリンが命を落とすという未来を告げたのだが、その甲斐なく、彼の死という運命をくつがえすことはできなかった。

女王の施すは英才教育

スカアハにゲイ・ボルグの秘術を授けられたのはクー・フーリンのみであるが、彼女の教える武芸と戦術は一級品であり、それを学ぶだけでも一騎当千の屈強な戦士となれる。例えばスカアハの教えを受け、その縁でクー・フーリンの親友となったフェルディアという戦士は、のちに止むを得ない事情からクー・フーリンと一騎打ちを行うのだが、彼は何日間もかけて、最強の英雄と互角の戦いを繰り広げている。

ゲイ・ボルグの正しい投げ方は「足の指でつかんで足で投げる」のだそうです。そういえば足の筋肉は腕の筋肉の３倍の力があると聞きますし、この投げ方がいちばん力が入るのでしょうか？

illustrated by kauto

若き騎士を誘う魔性のヒロイン

グラーニャ

欧文表記：Grainne　別表記：グラーニア、グラーネ　種族：人間　名前の意味：醜悪、太陽

惚れた男に駆け落ちを強いる

フィアナ神話に登場するヒロインであるグラーニャは、同神話の主人公格である英雄「フィン・マックール」の婚約者であった。しかし彼女は、英雄ではあるが老人のフィンが、若く美しい自分には相応しくないだろう、という不満から、とんでもない騒動を引き起こすのである。

グラーニャはまず、結婚式の祝宴で振る舞われた酒の盃に睡眠薬を忍ばせ、出席者のほとんどを眠らせた。しかし彼女は、ひと目惚れしていた眉目秀麗の騎士ディルムッドには薬を盛っていなかった。そしてディルムッドに愛を告白し、自身と駆け落ちをして欲しいと情熱的に迫ったのだ。フィンに忠誠を誓っていたディルムッドは、もちろん彼女の告白を断るのだが、それに対してグラーニャは、ディルムッドに「自身をここから連れ去らなければ破滅が訪れる」というゲッシュ（破ると災いが起きる、魔術的な制約。➡p48）をかけるのである。このゲッシュを盾に、グラーニャは愛するディルムッドに自身を強引に連れ去らせるという、無理やりな駆け落ちを成功させたのだ。

このように、望まない駆け落ちを強いられたディルムッドであったが、何も知らないフィンは当然激怒した。そして騎士団員たちによるふたりの追跡がはじまるのだが、ディルムッドの武略と知勇、神の手助け、また仲間の手心により、ふたりは追跡を何度も振り切り、逃避行は長年に渡って続くのである。

いつ終わるともしれない逃亡生活のなかでも、ディルムッドはフィンへの忠誠を失ってはおらず、しばらくは清い関係のままであった。だがグラーニャは、情熱的かつ執拗にディルムッドを誘惑し続け、ついには彼の熱情をかき立てることに成功する。そしてふたりは情を交わし、ディルムッドもまた、彼女の愛を受け入れたのである。

英雄らしからぬ嫉妬と執念

長い年月が経ったあと、フィンはふたりをしぶしぶ許し、グラーニャとディルムッドは国に戻ることを許された。ふたりは正式に結婚し幸せに暮らしていたのだが、のちにディルムッドは、駆け落ちの件を根に持っていたフィンの策略にはめられて死んでしまう。フィンに復讐を誓ったグラーニャであったが、フィンは元の婚約相手を取り戻すべく口説き続けて敵対心を解き、ついに彼女を妻として迎えたのであった。

老人と美女と青年の三角関係、どこか背徳的な響きがしていいですわ。
……あら、そういえば62ページのエーディンのお話も同じ構図ね。ケルト神話ってこのパターンのお話が多いのかしら？

illustrated by あずまあや

大事なアレをフルオープン！

シーラ・ナ・ギグ

欧文表記：Sheela na Gig　別名：Shilahnegig、Shilinagig、Shelahnagig、Shelin a gig、Shelin-a- gig　出典：アイルランドやイングランドの出土品

誰もその出自を知らない踊る妖精

シーラ・ナ・ギグとは、アイルランド、イングランド、ウェールズの古い教会や城壁に設置された特殊な彫像に対する呼称であり、その姿は両手で陰部を広げた裸の女性である。露出された女陰には、鬼瓦《おにがわら》のように魔除けの効果があるとされている。

その名の意味や語源については諸説あるが、正確なところは誰も知らないし、つづりも一定しない。どのケルト系言語で訳しても、意味のある言葉にならないのだ。

1781 年の記録では、シーラ・ナ・ギグは、英国のスループという艦種の快速帆船で「その名はアイルランドの女妖精から取られた」とある。

1790 年ごろの音楽の教則本には「シーラ・ナ・ギグは、スリップ・ジグという種類のアイルランドのステップダンスだ」とある。9/8 拍子という独特の軽快なリズムで、主に女性が足を大きく上げつつも、たおやかに軽やかに飛び跳ねながら舞う。

デザイン化されたシーラ・ナ・ギグの像。イングランド西部のヘレフォード州（シャー）にあるキルペックの教会で、12世紀に造られた。卑猥さ、滑稽さを通り越して、むしろ神々しい。

総合すると、日本のアメノウズメのように裸で激しく踊る女神像が浮かんでくる。

この彫像をはじめてシーラ・ナ・ギグと読んだ記録は 1840 年で、アイルランド地形測量局の報告にある。マンスター地方ティペラリー州のキルティナン教会南西に、隅石として埋められていた。

生命を産み出す癒しの女神

シーラ・ナ・ギグの像が各所に設置されたのは 12 ～ 19 世紀ごろだが、19 世紀も後半に入ると「公序良俗に反する」として、その多くは壊されたり埋められたり隠されたりするようになった。確かに、女性器を広げるという行為は、男性に支配されない性が開放された自由な女性をイメージさせるため、時代背景的には不都合だったのだろう。だがシーラ・ナ・ギグが広げているものは産道でもあり、女性にとっては子宝や安産を祈るのに最適な存在である。多忙で疲れきった男性にとっても、子宮回帰願望を叶えてくれるイメージで、当時の人々はこの彫像に癒しを感じたのかもしれない。

性器に特別な力が宿るという考え方は、世界中で見られます。ここまで露骨に女性器を誇示するものは珍しいですが、男性器そのものをかたどった像は世界中に……そこ、いやらしい目で見てはいけません。

illustrated by はっとりまさき

あなたといっしょに冬が来る

ケルフ・ヴェリ

欧文表記：Cailleach Bheur　名前の意味：冬の老婆　出典：スコットランドの民話

冬をもたらす老婆の女神

ケルフ・ヴェリはスコットランド高地地方で信じられている、青い顔で痩せているが巨大な妖婆で、冬の魔女と呼ばれている。58 ページでブイの関係者として紹介した冬の魔女カリアッハ・ヴェーラと似ているが、歴史はケルフ・ヴェリの方が古い。おそらく、ケルト人来訪以前の現地人が崇拝していた太古の女神が変化したものだ。

ケルフ・ヴェリは冬の太陽を擬人化したものだと考えられている。「冬の太陽」と限定するのは、古いケルトの暦は「世界には太陽が 2 個ある」と考えていたからだ。

5 月 1 日のベルティネ祭から 10 月 31 日のサウィン（現在のハロウィン）までの 6 ヶ月間は「大きな太陽」が天に昇る季節だが、11 月 1 日の「オール・ハロウズ」から 4 月末までの 6 ヶ月間は、大きな太陽にかわって「小さな太陽」が天に昇る時期である。この「小さな太陽」こそケルフ・ヴェリなのだ。彼女はオール・ハロウズのたびに復活し、大地から植物の成長を奪い、雪を降らせる仕事にとりかかる。ベルティネ祭りの前夜に、彼女はヒイラギかハリエニシダの灌木《かんぼく》の下に杖を投げ捨て、灰色の石に変わるという。別の伝承では、冬の終わりにケルフ・ヴェリは美しい少女に変わるという。J・F・キャンベルの『西ハイランド昔話集』では、フィアナ神話の主人公であるフィアナ騎士団長フィン・マックールとその部下たちが寝ている家にやってきたおぞましい老婆が、騎士のひとりに歓待され同じ毛布の中に招き入れられると、老婆がうつくしい女性に変わっていたという物語が収録されている。

ひと味違うケルフ・ヴェリ

ケルフ・ヴェリの守護するものは冬の太陽だけではない。彼女は動物たちの守護神でもあった。もっとも関係が深いのは鹿で、鹿はケルフ・ヴェリの家畜だとされており、また豚、野生の山羊、野牛、狼も彼女の庇護下にある。

そして彼女は泉の守護者でもある。ある神話で、彼女はクルアハン山の頂にある泉の管理をしていた。毎日日没とともに泉に石を置いて湧き出す水を止め、翌朝石を取り外して水を供給する仕事である。だがある日彼女は疲れていて、水を出したまま寝てしまった。泉からあふれ出た水は平地まで流れ出し、洪水となって多くの人や獣が死んだ。こうしてできたのがオー湖（「恐怖の湖」の意味）だといわれている。

うらやましいなー、5 月から 10 月までは「大きな太陽」が昇ってるから、
小さな太陽のケルフ・ヴェリさんはお休みでしょ？
夏休みが 6 ヶ月もあるなんて、いいなー。

illustrated by KANtarou

はじめてのケルト神話講座⑤

エリン《アイルランド》の四秘宝

神話の世界には、魔法のアイテムがつきものですが、ここまでアイテムについてのお話はあまりしていませんでした。せっかくですからこの機会に、アイルランドでいちばん大事な４つの秘宝をお見せしましょう。

『来寇《らいこう》の書』などのトゥアハ・デ・ダナーン神話を記した文献には、トゥアハ・デ・ダナーン神族がアイルランド島に上陸したとき、島の外から４つの秘宝を持ち込んだとして、以下の４つの秘宝についての説明が書かれています。

リア・ファル

運命の石。アイルランドの正当な王が触れると叫び声をあげる。聖地「タラの丘」に、実物のリア・ファルとされる石（右写真）が現在でも残っている。

ルーの槍

この槍を持って戦えば、決して負けないという伝説がある魔法の槍。近年ではルーの槍は、右のイラスト（1905年）のように自動追尾能力を持つ投げ槍とされる。

ダグザの大釜

この釜で煮込んだ料理は、どれだけ食べてもなくならない。

写真は青銅器時代の大釜。大英博物館蔵。

ヌァザの剣

軍神ヌァザが使った、光り輝く刀身の剣。一度鞘から抜き放たれれば、かならず相手を打ち倒す。右はこの剣を描いたアイルランドの切手。

ケルトにおける「大釜」

剣や槍などの武器は、世界中どの神話でも特別なアイテムとして登場するが、ケルト神話は特に「大釜」にこだわりを持っているのが、ほかの神話との大きな違いとなっている。ケルト神話において、大釜は食べきれないほどの食べ物を出したり、釜の中に妖精が富をため込むなどの「豊かさ」のシンボルであり、また大釜を人間の子宮に見立てて「再生」の意味も持たせている。

アーサー様、お気づきですかな？
アーサー様が若いころ、岩に刺さった剣を抜いて王として認められましたが、あのときの岩はこの「リア・ファル」にヒントを得たものなのです。

ふむ、そんなこともあったのう。たしかに剣を抜くという余計な要素はついておるが、岩が王を選ぶというのはまったく同じじゃ。これはケルト人が共通して持つイメージなのかもしれんな。

ウェールズ・コーンウォール・ブルターニュ・ブリタニアの女神

ウェールズ、コーンウォール、ブルターニュの３地方では、アイルランドとは別系統のケルト語が話され、よく似た神話が伝承されていた地域です。この章ではウェールズを中心とした３つのケルト地域に加えて、ケルト人の信仰と文化が異民族とキリスト教により消えてしまったブリテン東南東部、現在のイングランド地方に残されていた女神をまとめて紹介します。

Illustrated by 皐月メイ

アリアンロッド

ケルト神話基礎講座③
ウェールズ・コーンウォール・ブルターニュの神話
ブリテン島西部など3地方の神話を紹介します。

のうブリギッド殿。ひとつ聞きたいのだが、なぜこの3つの地方をまとめて紹介しようというのだ？
ウェールズとコーンウォールは離れておるし、そもそもブルターニュにいたってはフランスではないか。国まで違うぞ。

現代の目線で見るとそう感じるかもしれません。
ですがこの3つの地域でケルトの神話を伝えたケルト人たちは、同じグループに属している同族なのですよ。

ケルト人は2つのグループに分けられる

ブリテン島とアイルランド島に住んでいたケルト人は、言語によって、おおまかにふたつのグループに分けることができます。比較的ケルト語の古い形を残している、アイルランドやスコットランドのケルト人と、新しく変化したケルト語を話す、ウェールズ、コーンウォール、ブルターニュのケルト人です。この章では後者を紹介します。

言語で分ける、2種類の「島のケルト」

"古い"ケルト語地域
アイルランドとスコットランドで話されていたゲール語は、古いケルト語の形をそのまま残しており、民族的に近いグループだと考えられます。

"新しい"ケルト語地域
この3地域に住むケルト人は「ブルトン人」といって、新しいケルト語「ブルトン語」を話すグループです。

こちらを紹介！

スコットランド / アイルランド / ウェールズ / コーンウォール / ブルターニュ / 大陸のケルト

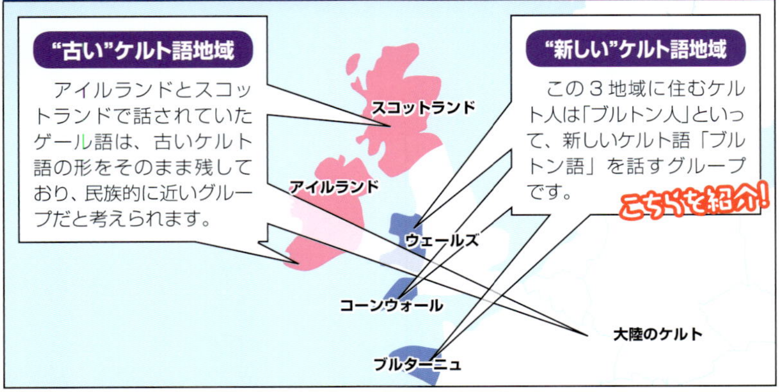

このページでは、3つの神話のなかで特に神話の量が多い「ウェールズ神話」の主要な神話を紹介しましょうか。
ここにあげた神話の多くが、18世紀に編集された『マビノギオン』という神話集に収録されています。

①『マビノギ四枝』の物語

ウェールズ神話のもっとも重要な原典である『マビノギオン』には、神話的な価値がもっとも高いとされる4つの物語が収録されています。神々が登場しウェールズ人の宗教的価値観が明らかになるこの物語は『マビノギ四枝』と呼ばれています。

この本に収録されている女神

アリアンロッド（➡p82）
リアンノン（➡p86）
ブランウェン（➡p90）　など

②『アーサー王伝説』の原型

世界有数の有名な騎士物語「アーサー王伝説」は、ウェールズで生まれたと考えられています。ただし、ウェールズ神話では「アーサー」ではなく「アルスル」の名前で呼ばれますし、そのほかの登場キャラクターも微妙に名前が変わっています。

この本に収録されている女神

モルガン・ル・フェ（➡p133）
ヴィヴィアン（➡p134）
など

③その他の土着神話

代表的原典資料である『マビノギオン』に収録された神話のほかにも、ウェールズには詩や伝承など、断片的な神話資料がいくつも残されています。そのなかには精霊と神の中間のような女神の姿があらわれることがあります。

この本に収録されている女神

ケルフ・ヴェリ（➡p76）
など

ウェールズの神話は160ページから！

ウェールズの神話は、アイルランドの神話と比べるとひとつの流れに体系化されていないのが特徴といえます。どのようなお話が残されているのか、くわしくは160ページを読むといいでしょう。

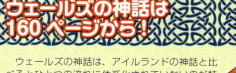

ウェールズ

そんな子を産んだ覚えはありません!

アリアンロッド

欧文表記：Arianrhod　別名：アランロド（Aranrhod）　名前の意味：銀の輪　出典：『マビノギオン』

運命の女神アリアンロッド

アリアンロッドは、ウェールズ神話『マビノギ四枝』の第４の物語に登場する女性である。作中でははっきりと説明されてはいないが、その血筋はウェールズ神話の母神ドーンの娘であり、耕作の神アマエソン、ギルヴァエスウィ、グウィデオンといった兄弟を持つ、れっきとした女神の一員である。

アリアンロッドという名には「銀の円盤」「銀の輪」という意味がある。また彼女は「アランロド（大きな輪）」とも呼ばれることがある。両者に共通するのは「輪」という要素だが、これは彼女が運命の女神であることを示している。

ウェールズの詩人たちは「カエル・アリアンロッド」（アリアンロッドの砦）という言葉をよく使うが、これはギリシャ星座「かんむり座」のウェールズ名である。

アリアンロッドとマース王の出会い

『マビノギ四枝』の物語によれば、北ウェールズにあるグウィネッズの領地はアリアンロッドの伯父（母神ドーンの兄弟）マースが治めていた。このマースには奇妙な弱点があって、それは戦争などどうしようもない場合を除いて、常に足を処女の膝の上に乗せていなければ生き延びられないというものだった。

マースの足をあずかる役目はゴーウィンという美少女が務めていたが、マースの甥のギルヴァエスウィという青年がこのゴーウィンに恋してしまう。そしてギルヴァエスウィは弟のグウィディオンと共謀して、グウィネッズと南ウェールズのプリデリ王とのあいだに戦端を開かせ、マースが出征して宮廷を留守にしている隙をついてゴーウィンを強引に犯してしまったのだ。

戦争そのものは、グウィディオンとプリデリ王の一騎打ちを経て、マース王のグウィネッズ側の勝利で終わった。だが戦場から帰還したマースは、ゴーウィンの事件を知って激怒する。マースは責任を取ってゴーウィンを自分の妻とし、ギルヴァエスウィとグウィディオンの兄弟には３年を獣の姿で過ごすという罰を与えた。

ここで問題となるのは、ゴーウィンの後任となる新たな「足乗せ役」の処女である。その候補に挙がったのがマースの姪であり、ギルウェイスィ、グウィディオンの姉妹にあたるアリアンロッドだったのである。

アリアンロッドは，処女の証を立てるためにマースの持つ魔法の杖の上を跨ぐよう命じられた。アリアンロッドが処女なら何も問題は起こらないはずだったが、杖を跨いだとたん、彼女はふたりの男の子を出産してしまう。一説によればこのときのアリアンロッドの秘密の恋人にして赤子の父親は、彼女の兄弟グウィディオンだったという。

アリアンロッドは自分の秘密を暴かれた恥辱と落胆から、このとき生まれた子供たちをひどく憎んだ。子供ふたりの片方、ディラン・エイル・トン（海の波の息子という意味）は、生まれて間もなく海へと去ってしまい、アリアンロッドと母子の交わりをすることはなかった。

もうひとりの子供は、生まれてすぐに黒い箱に隠されていたのだが、やがてグウィディオンによって発見されてしまった。だが、彼女はなおも認知を拒んだために、この子はグウィディオンが養育することとなった。

グウィディオンと南ウェールズ=プリデリの一騎打ち。グウィディオンが勝利し、プリデリ王は死亡した。1923年、アーネスト・ウォールカズンズ画。

アリアンロッドは世界的にも珍しい、自分の母性を否定した女神なのである。

我が子へ与えた3つの呪い

黒い箱から救い出された2人目の息子は、叔父のグウィディオンのもとで美しく利発な少年に成長していった。だがアリアンロッドはなおも子を疎んで「自分が与えるまでは名を持つことができない」という呪いをかける。これに対してグウィディオンは一計を案じ、靴職人の変装をしてアリアンロッドに近づいて誘導、子供に「スェウ・スァウ・ゲフェス（素敵な腕前の、光り輝く人）」と呼びかけさせる。以降、これが子供の名前となった（このスェウは、アイルランドの光の神ルーに相当する）。

怒ったアリアンロッドは続けて「自分が与えるまではスェウは武器や甲冑を持つことができない」と呪いの言葉を吐く。だが、これもグウィディオンが魔法を使い、アリアンロッドの住む城を大軍が襲ったように見せかけて、彼女自身がやむなくスェウに武器と甲冑を渡すように仕向けた。

アリアンロッドはなおも「スェウはいかなる人種の妻を娶ることもできない」という呪いをかけたが、グウィディオンはマースと協力してさまざまな種類の花を集めてブロダイウェズ（➡p88）という女性を作りだしてスェウの花嫁とした。

このようにしてアリアンロッドが我が子にかけた3つの呪いは、グウィディオンの機転ですべて無効とされたのである。そしてスェウはマースからディノディング州という領地を与えられて、立派な統治者に成長したという。

ちなみにこのときアリアンロッドがかけた呪いは、神話学者デュメジルが提唱した、ヨーロッパの女神が有する3つの機能“神聖性（=名前）”“戦闘性（=武器）”“豊穣性（=結婚）”にそれぞれ対応している。彼女は女神の権限である3つの領域に呪いをかけて、恨めしい息子の「運命」を閉じようとしたのである。

事情があったとはいえ、母親の愛情どころか敵意を浴びて育ったふたりの息子さんは不憫でなりません。お嬢様は自分の子供ができたら、愛情を注いで差し上げてくださいませ、ディーナからのお願いです。

illustrated by 松田トキ

ウェールズ

参上！白馬の王妃様

リアンノン

欧文表記：Rhiannon　名前の意味：神々の女王　出典：ウェールズ神話『マビノギオン』など

馬の女神のなれのはて

リアンノンは、ウェールズ神話『マビノギ四枝』の４つの物語のうち、第１と第３の物語に登場するヒロインである。リアンノンは馬と関わりが深く、古代の馬の女神（➡p106）の系譜につらなる存在だと思われる。また、彼女は３羽の不思議な鳥を飼っており、そのさえずり声は「死者を起こし、生者を寝かしつける」という。

裏切りや呪いと戦った人生

第１の物語では、リアンノンはウェールズ南西ダヴェドの領主プイスの前を、金色の衣装をまとい、大きな白馬に乗って通り過ぎた。プイスは部下に彼女を追うように命じるが、いくら速い馬で追い掛けても彼女に追いつけない。だがプイスが諦めてリアンノンに呼びかけると彼女は快く立ち止まって、プイスを愛していること、そしてグワウルという婚約者がいるが結婚したくないことを訴える。プイスはリアンノンの願いに応じて、グワウルを騙し討ちにして彼女を奪い、やがて２人は結婚した。

やがて彼女とプイスのあいだにはプリデリという息子が生まれたが、生後３日でさらわれてしまう。しかもお付きの女たちが「リアンノンがプリデリを食べた」と嘘の告げ口をしたため、リアンノンは無実の罪によって、「訪問客を自分の背に乗せて城まで運ぶ」という罰を科せられた。彼女の無実が証明されたのは７年後、プリデリがプイスの家臣テイルノンによって養育されていたと判明したあとであった。

第３の物語では、プイスの死後、リアンノンは海神スィールの息子マナウィダン（50ページのマナナン・マクリルに相当）と再婚する。だが彼女たちは、かつてプイスが騙したグワウルの友人スィウィトの復讐を受ける。スィウィトはダヴェドの地に魔法をかけ、リアンノンたちを従者や家畜と引き離し、彼女とプリデリの母子を城に閉じ込めたのだ。マナウィダンが、スィウィトの妻が変身した鼠《ねずみ》を捕らえて魔法を解くように迫ると、ようやくリアンノン母子は解放され、ダヴェドはもとの豊かな国に戻ったのだった。

白い馬に乗ってプイスの前に現れるリアンノン。1877年、シャーロット・ゲスト著『マビノギオン』英訳本の挿絵より。

ケルト神話には馬の女神がいっぱいだな！　馬より速いマッハさん、誰も追いつけないリアンノンさん、そして大人気の馬の女神エポナさんも106ページにいるよ。誰が一番速いか、レーススタートだ～！

illustrated by れこ太

花のように可憐、花のように移り気

ブロダイウェズ

欧文表記：Blodeuwedd　別名：Blodeuedd　名前の意味：花のような顔　出典：『マビノギオン』

花から造られた偽りの花嫁

ブロダイウェズの来歴は、本書の女神やヒロインなかでも特に異質なものである。実は彼女は、たくさんの花を集めて作られた人工的な妖精なのだ。彼女が登場するウェールズ神話『マビノギ四枝』４つめの物語によれば、彼女はナラの木、エニシダ、セイヨウナツユキソウなどの花を集め、そこからつくられた絶世の美女なのだ。ブロダイウェズという名前は「花のような顔」という意味である。

ブロダイウェズの誕生から裏切りまで

『マビノギ四枝』の物語によると、北ウェールズのグウィネッズに住むスェウ・スァウ・ゲフェスという青年は、母親のアリアンロッド（➡p82）から疎まれて「いかなる人種の妻を娶《めと》ることもできない」という禁忌を課せられていた。これを案じたスェウの伯父グウィディオンは、グウィネッズ王マースと協力して、禁忌（➡p48）に引っかからない花嫁として、人ではなく花から作られたブロダイウェズを、彼に妻として与えたのだ。

ブロダイウェズとグロヌウの出会いの場面。1920年、アーネスト・ウォールカズンズ画。

ブロダイウェズはスェウと結婚したが、彼女は容貌こそ美しいものの、貞淑さが不足していた。彼女はやがてグロヌウという男と不倫して、夫のスェウを殺す計画を立てる。スェウは「入浴用の大釜の縁と、雄鹿の背にそれぞれ足をかけた状態で、特定の条件の元で作られた槍で突かれない限りは死なない」という、不死身に近い身体の持ち主だった。だがブロダイウェズは夫を言いくるめてこの条件を聞き出し、グロヌウとともに実行に移したのである。

ふたりはうまくスェウを殺したつもりでいたが、実はスェウは鷲《わし》に姿を変えて生き延びていた。グウィディオンがスェウを探し出して人間の姿に戻してやると、スェウは復讐としてグロヌウを槍で貫いて殺し、ブロダイウェズを梟《ふくろう》の姿に変えてしまった。梟は昼間に行動することができず、すべての鳥に嫌われて追いかけ回されているからである。このためグウィネッズでは、今でも梟をブロダイウェズと呼ぶという。

「入浴用の大釜の縁と、雄鹿の背にそれぞれ足をかけた状態で、特定の条件の元で作られた槍で突かれたら死ぬ」って、何をしたらこんなおかしな状況になるの!?　どんな経緯なのか気になってしかたありませんわ。

illustrated by イチノセ奏

ウェールズ

兄と夫と板挟みになった王妃

ブランウェン

欧文表記：Branwen　名前の意味：白い胸　出典：『マビノギオン』

ブリテンからアイルランドに嫁いだ王女

ブランウェンは『マビノギ四枝』第2の物語『スィールの娘ブランウェン』のヒロインである。海神スィールの娘であり、“祝福されし者（ベンディゲイド）”の異名を持つブリテン王ブランと、マナウィダンという、ふたりの兄がいる。物語中では、ブリテン島三貴婦人のひとりにして、世界でもっとも美しい女性と称されている。

後世の研究によれば、ブランウェンは地平線から太陽がのぼる朝方の時間「曙《あけぼの》」の女神である可能性が指摘されている。

海岸の岩場でたたずむブランウェン。1915年、クリストファー・ウィリアムズ画。

二国の戦争とその結末

ブランウェンは、自身のあずかり知らぬところで、ブリテン島とアイルランド島の絶滅戦争のきっかけになってしまった不幸な女性である。『マビノギ四枝』の物語は、アイルランド王マソルッフがブリテン王の妹ブランウェンを妻に迎えようとし、ブリテン王ブランがそれを受諾したところから始まる。このときブランウェンの異父兄弟エヴニシエンがこの縁談を嫌い、マソルッフ王を侮辱するために王の馬を痛めつけた。

一触即発となった両者の関係はブランの賠償で修復され、ブランウェンはアイルランドに嫁いだが、アイルランドでは王の受けた侮辱が蒸し返され、ブランウェンは王妃ながら台所で働かされ、毎日肉屋に耳を叩かれる屈辱的な待遇を受けてしまう。彼女は台所でひそかにムクドリを調教して、その境遇を訴える手紙をつけて故国へと飛ばした。これを見たブランは激怒し、アイルランドに攻め込んだのである。

戦いはブリテンが優勢だったが、アイルランドはブランから賠償のひとつとして受け取った「死者をよみがえらせる魔法の大釜」で兵力を補充して戦い続けた。激戦の末に両者の王は戦死し、生き残りはアイルランドが妊婦5人、ブリテン側は攻め手のうち7人だけだった。自分の手紙がきっかけで2つの島が破滅したことを知ったブランウェンは、心臓が張り裂けて命を落としてしまったと伝わっている。

ケルト神話にはいろんな女性が出てくるが、彼女ほどひどい目にあったのもめずらしい。とどめは遺体がアイルランド島に埋められたというのがのう。よい思い出のない嫁ぎ先ではなく、故郷に帰りたかったであろうに。

illustrated by りょう@涼

ブリタニア

癒しも呪いもお風呂でね！

スーリス

英語表記：Sulis　名前の意味：目　出典：イングランド、バース市の遺跡

ブリテン島最大の温泉地の守護女神

英語で“Bath《バス》”といえば風呂や浴場のことである。イギリス南西部のサマセット地方には、イギリス最大の温泉地であるバース市があるが、このバースという地名は、ここが温泉浴場（bath）であるために、英語話者であるノルマン人などが後から付けた名前である。本来は、ブリテン島で信仰されていたケルトの女神の名前をとって「アクアエ・スーリス（女神スーリスの泉）」と呼ばれていた。

スーリスはこの温泉を守護する、泉と癒しの女神である。この温泉は、数ある症状のなかでも特に眼病に効くとされていたようで、それゆえにケルト人の言葉で目（suil）から派生したスーリスという名前で呼ばれるようになった。スーリスの泉の近くにある神殿跡地からは、目をかたどった奉納物が大量に見つかっているが、これは、治してほしい部位をかたどったものを奉納するという当時の慣習によるものだ。

1727年にバースで発掘された、青銅製のスーリス像の頭部。

もともとこの泉とスーリスは、ブリテン島に住むケルト系民族「ブリトン人」に信仰されていただけだったが、古代ローマ帝国がブリテン島を攻略して版図に加えると、漫画『テルマエ・ロマエ』で知られるようにお風呂好きのローマ人のあいだで温泉の人気が高まり、病気の治癒を願うローマ市民の熱烈な巡礼を受けるようになった。ローマ人はスーリスの聖地に巨大な神殿と浴場を建て、スーリスをローマ神話の万能の女神ミネルウァに見立てて熱心に信仰した。前述した大量の奉納物は、おもにローマ人がこの温泉に捧げたものである。

癒しの女神の後ろ暗い一面

病気の治癒を願う、または治癒に感謝したコインや奉納物が数多く捧げられていた一方で、スーリスの泉には「呪いの銘板《めいばん》」と呼ばれる鉛の銘板も数多く投げ入れられていた。これは呪いが記されたものであり、誰かに恨みを持つ人が、その相手に対して神罰を下してくれるよう願って奉納されたものである。

スーリスの泉への奉納物は、意図的に傷をつけたコインが多く見られます。コインに傷をつけて壊すことで「現世での役割」を終わらせ、あの世や異界へ送り込もうと考えたのですよ。

illustrated by シュラノスケ

ブリタニア

勝ったらあげる、すっごいお供え

アンドラステ

欧文表記：Andrasta　別名：Andrasta, Adraste, Andred　名前の意味：無敵
出典：『ローマ史』（61 年ローマ　著：カッシウス・ディオ）

反乱者の女王が信仰した無敵の女神

1 世紀ごろ、ブリテン島に住んでいたケルト系民族「ブリトン人」は、ほかのケルト系民族と同じように無数の小部族の集合体だった。そのなかでも指導的な立場にあった有力部族「イケニ族」は、アンドラステという戦いの女神を信仰していたという。イケニ族の守護神である彼女の名前は「無敵」を意味し、イケニ族は戦いの前にかならず彼女の加護を願ったほか、戦いの前に神託を受けて、戦いの行方と一族の未来を占ったといわれている。

この女神はアイルランドのゲール人が信仰していた戦場の女神モリガン（➡p26）と近い関係にあり、カラスの女神とされる一方、森に住む熊の女神だともいわれ、さらには兎《うさぎ》と関係があるという俗説もある。

ブーディカ女王によるアンドラステ信仰

勝利の女神アンドラステが有名になったのは、西暦 61 年、ブリタニアのイケニ族の女王ブーディカがローマ帝国に対する反乱を起こしたときである。以下の内容はローマの著述家カッシウス・ディオの歴史書『ローマ史』による。

ブーディカは、ローマ帝国に領土を奪われたうえ、ローマの代官が彼女を鞭《むち》打ち、ふたりの娘が強姦されたことをきっかけに、ブリトン人の諸部族をかき集めて反乱を起こした。その出陣の際、ブーディカはアンドラステに必勝の祈りを捧げている。また懐に隠した野ウサギを逃がして、その逃げる先で吉兆を占ったという記述もある。アンドラステが兎と関係のある女神だとされるのはこの 2 個の記述によるものだが、兎を逃がして吉凶を見るのはケルトにおいて一般的な占いであり、アンドラステ信仰と兎のあいだに関係があるという証拠にはならない。

ブーディカはその後、ローマ軍の拠点だったロンディニウム（現在の首都ロンドン）を襲撃し、そこに住んでいたローマ人の女を郊外にあるエッピングの森に連行して虐殺した。その方法は乳房を切り取って口に詰めさせ、口を縫い、さらに串刺しにするというもの。ローマの歴史家タキトゥスはこれを残忍な虐殺として描いているが、エッピングの森はアンドラステの聖地である。これには単なる虐殺ではなく、勝利のお礼として、捕虜をアンドラステへの生け贄として捧げたのだと思われる。

アナトリア半島、現在で言うトルコのあたりに、アドラステイアという正義と復讐の女神がいて、これがアンドラステと近い神だとする説があります。あそこにもケルト人がいたはずですが、ずいぶん遠いですね。

illustrated by あめろ

ブリタニア

お待たせ！　ケルト女神のニューフェイス

セヌナ

欧文表記：Senuna　名前の意味：いにしえの女　出典：イングランドのアッシュウェル村などの出土品

新たに見出されたブリテンの旧き女神

1600 年以上もの昔に絶えた信仰が、この 21 世紀になって再発見された。その名はセヌナ。意味は「いにしえの女」だ。2002 年9月 29 日、東イングランドのハートフォード州《シャー》アッシュウェル村から、金属探知機という文明の利器によって、その名が刻まれた金銀シート製の“絵馬”と、銀の彫像、金の装身具などが発見された。

その姿だが、飾り帯状の冠を載せた首の後ろで、髪を団子状に束ねている。右肩から足元まで亜麻布を吊るして服とし、左肘あたりで縛って優雅なひだを作りだしている。右手には2本の黄金の**麦穂**、左手には円形の黄金**酒杯**がある。さらには供物らしき**豚**の骨も、多数出土している。

2004年、アッシュウェルの隣村ヒンクスワースから発掘された青銅の像では、戦女神ミネルヴァを意味する兜と胸鎧を着こみ、左手に豊穣の角（コルヌコピア）を掲げていた。

奉納物であるブローチやネックレスは、みな黄金のディスクだ。うち1つには牛頭を踏み潰す獅子が刻まれた紅玉髄《カーネリアン》が嵌められていた。これらは**太陽**を意味している。

またこの村には、北海へと注ぐケムという名の大河の源泉があった。

麦穂、酒杯、豚は豊穣を表し、**太陽**も**水**も豊作には欠かせない要素である。したがって、セヌナが豊穣の女神であったことは間違いないだろう。

願いを実現する女神

奉納物である絵馬のうち9枚には「セヌナへの誓いを守る」旨の銘文とともに、ローマの知恵と戦いの女神ミネルウァの像が刻まれていた。無銘の絵馬の絵も5枚はミネルウァだが、1枚は勝利《ウィクトリア》の女神、1枚は月と太陽《ソル》の下の首都《ローマ》女神である。

絵の違いは願掛けの内容の違いを表している。その署名から、奉納者の少なくとも1名は女性、1名はスペイン人男性であることが判明しており、付近から巡礼者用の宿泊施設や工房跡も出土している。またセヌナの名が刻まれた陶器が、実は 1854 年、南イングランドのケント州ウイングハムから発掘されていたこともあとから発覚した。セヌナ崇拝は男女を問わず、海を越えて巡礼者が来るほど大規模だったようだ。

発掘されたセヌナの奉納品には、西暦 400 年前後に、神殿から取り出して急いで埋めた痕跡があるそうです。きっと宝物を奪われないためですね、そのころは外国からの侵略があったそうですから。

illustrated by イトネコウタ

ブリタニア

精霊？　女神？　どっちでもいいじゃない

コウェンティナ

欧文表記：Coventina　出典：イングランドのカローバラなどの出土品

辺境の泉の女神精霊

古代ローマ帝国の兵士はイングランド北部において、軍神ミトラスのみならず、泉の女神コウェンティナにも祈りを捧げていた。自分の命や戦勝、遠く離れた家族のことをも。彼女に対する敬称はひとつではない。もちろん「女神」が一番多いが、碑文によっては「聖なる女神」「帝妃《アウグスタ》」「精霊《ニンフ》」あるいは「女神精霊」と刻まれている。

その姿は確かに水の精霊らしく、腰布だけを巻きつけ、胸もへそもあらわにしている。波もしくは睡蓮の葉にその身を預け、片手の水瓶からは恵みの水を、川もしくは大地へと注ぎ、反対側の手には成長を意味する若枝のような植物を握っている。

CARRAWBROOGH : COVENTINA'S WELL.

カローバラの泉で発見された、石づくりの〝絵馬〟。コウェンティナの名前と姿の両方が刻まれた、唯一の遺物である。

兵士たちの心に癒しを与える乙女

2世紀のローマ皇帝ハドリアヌスは、帝国の北限をイングランドと定め、スコットランドの異民族の侵入を防ぐために長城を建設した。コウェンティナの神殿は、その長城に組みこまれている。場所はノーサンバーランド州カローバラで、神殿の中心には泉があった。この遺跡は 1876 年に発掘され、泉からはコウェンティナに捧げる石づくりの“絵馬”が 14 枚も発見された（戦女神ミネルウァへの絵馬も1枚あった）。

またこのカローバラには、コウェンティナやミトラス以外に、水の精霊《ニンフ》のための神殿ニンファエウムが併設され、3 体のニンフ像が出土している。うち 1 体はコウェンティナ自身のようだが、残り 2 体はおそらく彼女の部下で、コウェンティナの印とも言える若枝の代わりに2つめの水瓶を肩に掲げ、より多くの水を貯えている。

カローバラで奉納された絵馬を見ると、オランダからベルギーの北海湾岸の部隊の祈りが圧倒的だが、他にも単にゲルマニア（ドイツおよびその周辺）や、ドイツ西端クサンテン出身者の署名もある。またフランス南西部ナルボンヌや、スペイン北西端ガリシアでも奉納物が見つかっている。つまりコウェンティナの信仰地はかならずしもイングランドだけではないため、起源がどこにあるのか特定するのは困難なのだ。

女神コウェンティナの像は、北の敵国スコットランドでも見つかっておるそうじゃ。……おい、これはまさか、ローマ兵たちは「敵国の女神に祈っていた」んじゃあるまいな？　それでは勝てる戦も勝てんぞ!?

illustrated by みずやなお

ブリタニア

花も浅瀬も踏み越えて！

ウェルベイア

欧文表記：Verbeia　名前の意味：水ぶくれした者 or 曲がっている者
出典：イングランドのヨーク州西部イルクリーなどからの出土品

双蛇を手にする川の女神

両手に蛇を持った奇妙な女神ウェルベイアの名前は、早くも 16 世紀に発見されていた。イングランドのヨーク州《シャー》西部イルクリーにあった、城壁を模した石碑上に名前が記されていたのだ。同地区からは、それとは別に、無銘の女神のレリーフも出土しているが、このウェルベイアの姿と考えるのが自然だ。摩耗で細部ははっきりしないが、ひだのある長い足元までのローブを着込み、頭には大きな三角形の被り物をしている。両手に 1 体ずつ蛇を持ち、蛇たちは女神の頭上でたがいに見つめ合っている。

一般に獣の王ケルヌンノスとされる、このイングランドのグロスター州《シャー》のレリーフだが、蛇の頭付近にバーベナの花模様があり、ウェルベイアの可能性がある。

幸運なことに、このレリーフは今でも教会の裏に残されており、地元の人々はこの像を、付近のウォーフ川の精霊だと認識している。ウォーフ川はかつてふたつの奔流に分かれており、それが 2 匹の蛇の姿に重なる。この川への信仰は最近まで残っており、5 月 1 日の前夜には、付近から美しいものを集めて捧げる習慣があった。このときの捧げ物は、石などの無機物と、花をかならず含む骨などの有機物とが半々でなくてはならなかった。

花園に光を掲げる自由の女神

イルクリーの銘文を見ると、奉納者は 2 世紀に現地に派遣されたガリア（フランス）のケルト民族リンゴネスの兵士である。彼らの故郷付近の町マヴィリー＝マンデロからも似た像が見つかっており、どちらが起源なのか興味深い。この女神は足元までの丈のひだのあるローブを着込み、左手だけで 2 匹の蛇を持つ。この蛇は「伝令の杖」に通じる（ローマでは魔術神メルクリウスや、虹の女神イリスがよく手にしている）。右脇には野草のバーベナによく似た装飾がある。バーベナの名の意味は「祭壇の植物」で、束にして石碑を掃き清めたり、煎じて飲まれたりした。このバーベナが、ウェルベイアの語源という説もある。右手に松明らしきものを握っている姿は、偶然なのか必然なのか、闇を照らし人々を導く、古代の自由の女神のようにも見える。

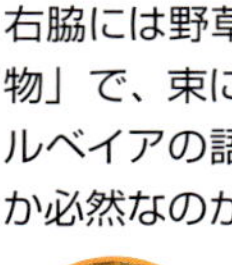

複数に別れた川の流れは、よく蛇やドラゴンに例えられるのう。日本にもフクイという地方に、たくさんの急流が合流する「九頭竜川」という暴れ川があると聞いておるぞ。

illustrated by salada

ケルト神話と妖精

ときにヴィヴィアン殿、ひとつ聞きたいのじゃがな。
今回同道している娘さんたち、もとは神だったというのは本当かね？
どう見ても若いお嬢さんにしか見えんのでな。

ええ、間違いありません、妖精の異界に住む者たちは、誰もがかつては神だった存在なのです。アーサーさんのお知り合いのヴィヴィアンさんも、元をたどれば神々の座にあったはずです。

ほー、あのヴィヴィアンがのう……にわかには信じがたいな。
ひとつ、くわしく聞かせてはもらえんかな。

ケルト文化圏における「妖精」とは

妖精とは、イギリスでフェアリー、アイルランドでシーと呼ばれる存在の日本語訳である。日本で妖精といえば、背中から透明な羽を生やした小柄な少女というイメージが一般的だが、これは無数に存在する妖精の姿の一例でしかない。実際の妖精は、体の小さい者や人間よりも大きな者、美しい者、かわいらしい者、醜い者などさまざまである。あえて現代の日本語で適切な言葉を探すなら、フェアリーとは「西洋の妖怪」という表現が適切であろう。

1825 年の民話集『Fairy Legends and Traditions of the South of Ireland』より、「バンワースのバンシー」。

例えば右上の絵画に描かれているのは「バンシー」という女の妖精で、姿は醜く、身長はふつうの人間女性と同程度である。バンシーの泣き声が聞こえた家からは、近いうちに死者が出るといわれ、死を予言する妖精として恐れられていた（➡p28）。

敗北した神々のなれの果て

アイルランドの神話は、かつての神話の主役「トゥアハ・デ・ダナーン神族」は、人間たちとの戦争に負けたあと、地上を離れ異界に去ったと教えている。そして彼らのなかには、年月とともに神としての力を失い、妖精に変わってしまった者がいるとされているのだ。ヨーロッパの人々が親しんでいる妖精たちは、数千年前には神の座にあった者のなれの果てなのである。

私たちは「湖の乙女」といいまして、今は妖精や精霊のような存在になっていますが、もともとは泉や湖を守護する女神だったのです。ですからアーサー様、もうすこし無茶振りを控えてくださいませんか？

大陸のケルトの女神

「大陸のケルト人」とは、紀元前1500年ごろにフランス東部で生まれ、ヨーロッパ全土に広がった民族集団です。彼らはアイルランドやウェールズなどの「島のケルト人」とは別の民族で、言語や文化は似ているものの異なる神を信仰していました。

この章で紹介するのは「大陸のケルト人」がヨーロッパ本土で信仰していた女神です。ケルト人は神話を文字の形で残さなかったので、その存在は異民族の記録や、遺跡の発掘物などの形で現代に伝えられています。

Illustrated by 皐月メイ

セクァナ

ケルト神話基礎講座④

神話をなくした「大陸のケルト」の女神

ヨーロッパ本土の考古学資料に残された女神の紹介です。

大陸のケルトの女神とは、ヨーロッパ本土のケルト人が信仰していたと思われる女神のことです。これらの女神には特筆すべき点がありまして……大陸の女神には、ケルト古来の神話がほとんど残っていないのです。

ええーっ!? 神話がありませんの!?
神話がないなら女神だなんて呼べないんじゃ……。
そもそも、神がいるのに神話がないってどういうことですの？

いろいろと理由はあるようですが……「ヨーロッパに広まったキリスト教が、ほかの宗教の痕跡を消して回った」からだとする説が有力なようです。

カトリック教会に消されたケルト神話

「大陸のケルト」と呼ばれる人々は、当時の世界最強国「ローマ帝国」に敗れてその支配下に置かれていました。やがてローマ帝国がキリスト教を公認すると、キリスト教の宣教師は「大陸のケルト」の信仰を弾圧して消し去ってしまいます。一方で「島のケルト」の居住地では、現地人と融和しながらキリスト教を広める政策がとられたため、古い神話が原型に近い形で生き残ったのです。

ヨーロッパにおけるキリスト教宗派の勢力圏

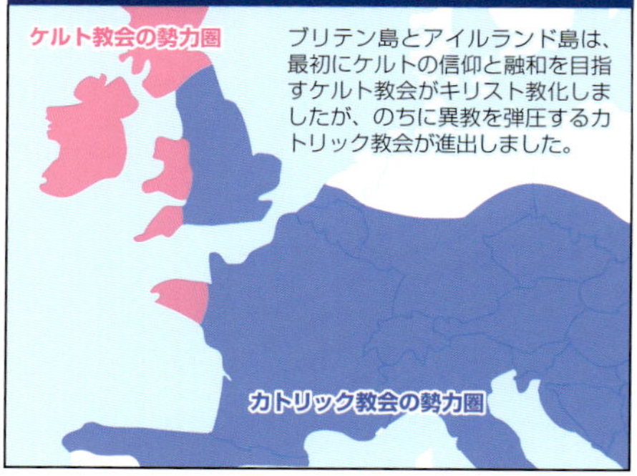
ケルト教会の勢力圏
ブリテン島とアイルランド島は、最初にケルトの信仰と融和を目指すケルト教会がキリスト教化しましたが、のちに異教を弾圧するカトリック教会が進出しました。
カトリック教会の勢力圏

カトリック教会の進出が早かったイングランドにケルトの神話がほとんど残っていないのは、「大陸のケルト」の神話が残っていないのと同じく、ローマ帝国やカトリック教会の圧迫が強かったからですね。

でもさー、神話がないんじゃ紹介もしようがなくない？
銅像１個もってきて「これが神じゃ！」って言われても困るし。

ええ、安心してください。
ケルト人は神話を文字で書き残しませんでしたが、昔ケルト人と戦った人たちが、ケルト人がどんな神を信仰していたのかを書き残してくれています。

“大陸のケルト”の代表的な神

雷神　タラニス

ケルト人たちが信仰していた、雷と戦いの神。雷のシンボルである棒と、車輪を持った姿で描かれます。ローマの詩人ルカヌスによれば、その信仰は「とても残酷」だとされ、これがタラニスに関する唯一の記述です。

有角神　ケルヌンノス

狩猟と冥界の神。頭から鹿の角を生やし、手には羊の角を生やした蛇を持ち、多くの動物を従えています。また、富のシンボルである金属製の輪「トルク」を身につけており、富の神という側面もあります。

って、知らんわ～!!
どこが「代表的な神」じゃ、わしですら見たことも聞いたこともないぞ。

恐縮ですが私も存じ上げません……。
「主要な神」でこれということは、「大陸のケルト」の信仰していた神々の情報は、本当にごくわずかに限られているようですね。

たしかに神としての知名度は高くありません。
ですが意外なところで見覚えのある名前が出てきますよ。
まずは百聞は一見にしかず。大陸のケルトの女神をご案内しましょう。

「大陸のケルト」の神は、ローマ人が記録した！

「大陸のケルト」の神々についてもっとも熱心に記録したのは、現在のフランス、ガリア地方を巡ってケルト人と戦いを繰り広げた「古代ローマ」の人々です。なかでも代表的なのは、ローマの独裁者ユリウス・カエサルの戦記『ガリア戦記』です。170ページから、その内容をくわしく紹介しましょう。

民族をまたにかけた人気者！

エポナ

欧文表記：Epona　名前の意味：ウマ科の動物
出典：『異教徒について』（2世紀ローマ　著：テルトゥリアヌス）など多数

3つの姿をもつ馬の女神

ヨーロッパ本土の古代ケルト人が信仰したなかで、もっとも重要な女神はこのエポナであろう。馬、ロバ、ラバなどの守護神であり、それらの世話や手入れをする者や、馬に乗って戦う者たちの守護神でもあるエポナは、ヨーロッパ本土だけでなくブリテン島も含む幅広い地域で信仰されたばかりか、ケルト人ではない異民族のなかにもエポナを崇拝するものがいるほど人気のある女神だった。

エポナの姿は彫像や浮き彫りとして多く描かれているが、その姿は大きく分けて3種類に分類でき、種類ごとに発見される場所に違いが見られる。

・パターン1:馬に横乗りし、丸い果物または丸いパン、穀物の穂、食べ物の入ったかご、食べ物があふれ出す豊穣の角《コルヌコピア》などの「食べ物」を持っている。この種のものはガリア地方（現代のフランス）で多く見られる。

・パターン2：玉座に座り、その左右に合計2頭以上の馬を従えている。女神の足元で人々が獣を生贄に捧げようとしている場合もある。この種の像や浮き彫りはガリア以外の地域で数多く見られる。

・パターン3：馬が引く荷車に座り、馬を御している。

いずれにしても馬の女神だけあって、エポナと馬は切り放せない関係にある。

ドイツ西部、バーデン州ケンゲンで発掘されたエポナ像。玉座のエポナの両脇に2頭の馬が控える、パターン2の構図で彫られている。

豊穣、水、生と死？

エポナは単なる馬の女神であるにとどまらず、多彩な属性を持つ女神である。

エポナの像はしばしば食べ物を手に持ち、あるいは獣に食べ物を与えている。そしてエポナの像や「ほこら」は泉のそばにあることが多い。つまりエポナは、作物の豊作をもたらす農業神や、泉の守護女神という性質も持ち合わせているのだ。

さらには、エポナ像のなかには、ワタリガラスを連れたもの、大きな鍵を持つもの、人間を馬でどこかにつれていく姿をかたどったものもある。これらはすべて死者の国「冥界」に関わる要素である。ワタリガラスはケルト神話における死のシンボルマークであり、大きな鍵は冥界の扉を開けるためのものだと思われる。彼女は馬に死せる人間の魂を乗せて、死後の世界へ死者の魂を案内する、すなわち死後の世界への旅を守護する女神でもあるのだ。

みすず書房《ゲルマン・ケルトの神話》は、エポナは馬の女神になる前は、作物の実りをもたらす水の女神だったのではないかと主張する。実は多くの地域で、水の神は馬と結びつけられることが多いのだ。例えば、ギリシャ神話の海神ポセイドンは、もともと馬の神だったものが、海神の要素をあとから付け足されたものである。

つまり、作物の豊穣をもたらす泉の女神が、水神と関係の深い馬と結びつき、これが馬という意味の名前を得て女神エポナになった可能性があるということだ。

ケルト人が馬の女神を重視した理由

馬の女神がこれほど高い地位を得ている信仰は、世界的に見ても珍しい部類だ。エポナが重視されるようになった理由は、ケルト民族にとって特に馬が重要な動物だったからにほかならない。

ケルト人にとっての馬は、戦闘用の兵器であり、信頼できる移動手段であり、重い荷物を運ぶ輸送手段である。ケルト人の貴族階級の戦士は、馬に乗ることで自身の身分を示すことができた。騎兵や戦車の戦士はもちろん、戦車をあやつる御者まで含めて、馬に関わる者は社会的地位が高かった。

また実用面のみならず宗教的にも、馬は足が速く美しい動物だとされ、高貴な人が死んだときはその愛馬を殉死させて一緒に埋葬することもあったのだという。

ローマの馬の女神

エポナがケルト人だけでなくローマ人にも信仰された理由を知るためには、歴史をひもとく必要がある。山がちなイタリア半島で暮らす農民にして都市住民であるローマの人々は、周辺地域の諸民族に比べて馬の扱いが苦手だった。そこでローマ人は、ケルト人の居住地を征服すると、馬の扱いに長けたケルト人の騎兵を傭兵として大量に雇って敵国への備えとしたのである。

ケルト人騎兵が傭兵としてローマ各地に派遣されると、彼らは派遣された先でもエポナ信仰の儀式を行った。これを見たローマの文人たちは、エポナを馬と家畜小屋の女神として記録している。なかには「エポナとは、イタリア人の男がメス馬と結婚して、メス馬に産ませた女神である」という偽の神話を紹介したものまで存在した。一方で、エポナが持つ水や豊穣、冥界という要素は、すでにローマ神話に該当する神がいるため無視され、単に馬の女神として知られるようになったのだ。

東欧のマケドニアで発掘されたパターン２のエポナの浮き彫り。ローマ帝国時代にケルト人傭兵によってもたらされたエポナ信仰の痕跡である。

エポナってどっかで聞いたことあるな……あっ、『ゼルダの伝説』だ！
あのゲームでリンク君が乗ってる馬が、エポナって名前だったよねターにゃん。そうか～、そういえばエポナって女の子だったもんねー。

illustrated by 風花風花

夫婦のパワーでみんなを豊かに！

ロスメルタ

欧文表記：Rosmerta　名前の意味：供給者、介護人　伝承地：フランス、ドイツ、イギリスの遺跡

夫婦で発掘される女神像

ドイツ西部、ラインラント州アイゼンベルグで発掘された、ロスメルタとメリクリウスのレリーフ。

フランス東部からドイツ西部にまたがる古代ケルト人の居住区域から、ケルト人に信仰されていたと見られる夫婦神の彫像が多数発掘されている。この夫婦神のうち、男性神はメルクリウス、女神はロスメルタと呼ばれている。

ロスメルタは鍛冶や料理など、火を扱う仕事をする者の守護神であり、中から食べ物がわき出してくる豊穣の角《コルヌコピア》を持っている。つまり作物の実りを守護する豊穣の女神でもあったことになる。また、そのほかにも2匹の蛇が巻き付いた「使者の杖」、そして金貨の入った財布を持っている像も発見されているが、このふたつの道具は、彼女の夫であるメルクリウスの持ち物だとされている。

フランス南部のブルゴーニュ地方では、メルクリウスの姿が見られず、ロスメルタだけを単独で祀っていたと見られる神殿の遺跡も発掘されている。そこでのロスメルタは、前述した豊穣の角を持っていたり、聖なる泉の守護神として崇められた。

ローマの神メルクリウス

ロスメルタの夫であるメルクリウスとは、ローマ神話で信仰されている商人や旅人の守護神で、ギリシャ神話でいうヘルメスのことである。なぜケルト人とは異なる文化を持つローマの神がケルトの遺跡にあるのかというと、それはメルクリウスという名前が、ローマから輸入されたものだからだと考えられる。

ケルト人の隣人であったローマ人は、ケルト人の崇めるさまざまな神と、ローマ人の神の共通点を見て、「この神は我々ローマ人が信仰している○○なのだ」と考えた。そしてケルト人とローマ人の交流が深まるにつれ、ケルト人のほうでもローマ人が使っていた呼び名を使うようになったのだ。ただし神としての信仰形態はケルト本来のものが色濃く受け継がれたので、ローマ人が信仰したメリクリウスと、ケルト人が信仰したメリクリウス、すなわち「ガリアのメリクリウス」にはかなりの違いがある。

ローマのメリクリウスとガリアのメリクリウスの最大の違いは、奥様の人数です。ガリアのほうはロスメルタ様一筋ですが、ローマのメリクリウス様は女の子をとっかえひっかえするプレイボーイですからね。

illustrated by pica

森のなかには果物とカラスが

ナントスエルタ

伝承地：フランス、ドイツ西部等　欧文表記：Nantosuelta　別名：シルウァーナ（Silvana）
名前の意味：曲がりくねった川、日の当たる谷　出典：アルザス・ロレーヌ地方の遺跡

巣箱を持った豊穣女神

フランス東部、アルザス州サルブールで発掘されたレリーフ。左側のナントスエルタの竿の先に、小屋型の物体が見える。

ナントスエルタは、ドイツとフランスの国境地帯であるアルザス・ロレーヌ地方などにある遺跡から、しばしば彫像が発掘される女神である。

彼女の姿が描かれた浮き彫りや彫像は、片方の手に果物やミツバチの巣や壷を持つか、かたわらにワイン（ブドウ酒）の大瓶大樽、リンゴが山盛りになった鉢など、なんともおいしそうなものを持っている。それもそのはず、彼女は大地の女神であり、作物の豊穣をもたらす農業神なのだ。そしてもう片方の手には、先端に小さな家の模型がついた旗竿を持っており、しばしば家の屋根や周囲にワタリガラスが描かれている。もしかするとこの小さな家は巣箱なのかもしれない。ワタリガラスは戦場で死体をついばむことから、古くから戦いや死と関係の深い動物だと見られてきた。各地域のケルト人が同様の世界観を共有していることは、アイルランドのモリガン（➡p26）を見れば一目瞭然だ。

また、古代ヨーロッパの信仰では、死者の世界は地下にあると考える神話が非常に多い。地下とは大地の中にあるのだから、大地の女神ナントスエルタが死者の女神を兼ねていることは、非常に自然なことだといえる。

ナントスエルタという名前の由来にはふたつの候補があり、ひとつは「日の当たる谷」、ふたつめは「曲がりねった川」という。前者の地形は農業神の名前にふさわしいものだ。後者の場合も、作物の生長に不可欠な水は農業と密接に関係がある。ナントスエルタは、人間の生活を助け、死を見守る女神だ。

森の神スケルス

ナントスエルタの夫であるスケルスは、森の神である。名前の意味は「立派な鉄槌を持つ者」で、ハンマーと飲み物の瓶を持ち、犬を連れた姿で描かれる。犬はケルト人の信仰においてしばしば死者の世界のシンボルとされるため、スケルスも妻と同様に死者の世界「冥界」と関わりのある神である可能性がある。

そういえばギリシャ神話では、ケルベロスという犬の怪物が、地獄の入り口で番犬をつとめていましたね。犬と冥界に関わりがあるのは、ケルト人の神話だけではないようです。

illustrated by ヤマギシチヒロ

いきなり熊さんコンニチハ

アルティオ

欧文表記：Artio　名前の意味：熊　出典：ドイツ、スイスの遺跡

青銅像で有名になった女神

アルティオという名前にはケルト人の言葉で「熊」という意味がある。この女神の名前は、1832年にスイスのベルンで発掘された、右下写真の像で有名になった。

この像は高さ20cm程度の青銅像で、椅子に腰掛けて右手に杯を持った女性がかたどられている。女の正面には樫の木がそびえ、その樹から伝い降りたと思われる熊が女の方へ向かっており、坐像《ざぞう》の横には果物かごを載せた供犠台が置かれている。台座には「女神アルティオに捧げる」という意味のラテン語が刻まれていた。

この像の解釈はふたとおり存在する。古代の社会構造を研究した19世紀スイスの文化人類学者バッハオーフェンは、この彫像の女神アルティオは豊穣の女神であり、熊は彼女の古い姿であると考えた。一方でスイス人学者クリスティンガーは、樫の木は神聖な樹木であり、そこから降り立った熊は天の神で、豊穣を約束する大地母神アルティオを受胎させにやってきた場面だと考えた。どちらにしてもアルティオは、作物の実りや動物の多産をもたらす「豊穣の女神」だということになる。また後者の説をとる場合、アルティオの像は、神が女性を誘拐して妊娠させるという、世界の神話でよく見られる「聖婚」を表現したものだと考えられる。

1832年に発掘された女神アルティオと熊のブロンズ像。約2000年前の作品。スイス、ベルン歴史博物館蔵。

熊の女神のルーツ

野生動物と女神の組み合わせは、ガリア（現在のフランス）のケルト人のあいだでは珍しくない。ガリア南部で信仰された「アンダルタ」は“強大な雌熊”という意味の名を持つ戦いの女神である。フランス東部、アルデンヌ地方のアルドゥインナは熊ではなく猪に乗った女神で、ローマ神話の狩猟の女神ディアナと似た姿でかたどられており、森と狩猟の女神として信仰されていたと思われる。後世、これらの地域がローマ帝国の版図になると、男権社会であるローマの流儀に合わせたのか、熊の神は女ではなく男神アルタイオスへと変化している。

アルティオさんの像が発掘されたのは、ベルン市ってところだったよな。ベルンってクマって意味だから、市の紋章には黒いクマさんが描いてあったよ。舌を出して困ったっぽい顔をしててかわいいんだ〜。

illustrated by naoto

元祖・聖母にして理想の女

デア・マトローナ

欧文表記：Dea Matrona　名前の意味：母神　出典：フランスやイングランドなどの出土品

フランスやイギリスで愛された母神

抱えた子供に慈愛の表情を向けるデア・マトローナは、古代のノートルダムすなわち理想の女性であり、マドンナすなわち聖母である。フランス国立考古学博物館蔵。

デア・マトローナは、誰にでも親しみ深い女神だったようで、神殿に収められた石像や石碑だけでなく、陶器の像として鋳型《いがた》から量産され、各家庭にも飾られた。その姿は像によって差異はあるが、たいていは玉座に腰かけ、ゆったりとしたローブに身を包み、髪を首より上で丸くまとめている年配の女性だ。1～3人の子供を引き連れていることも多く、それが乳飲み子の場合、授乳のために半裸になっている。西暦1～5世紀、古代ローマ世界で広く崇められ、その遺物は軽く1000点を超える。

デアは「女神」、マトローナは「大いなる母」を意味することからも、彼女が母性の化身であったことがわかる。この呼び名は主にガリア（フランス）でのもので、パリの東側を流れるセーヌ川の支流マルヌ川も、かつて同じくマトローナと呼ばれていた。その水源からは、やはりデア・マトローナへの奉納石板が発見されている。

イングランドではマトレス、ウェールズではマドロン、銘文には「ゲルマニア（ドイツ）の」もしくは「ガリシア（スペイン北西部）のマトローナ」などの表記がある。

三位一体の出産の守護女神マトロナエ

奉納石碑では、デア・マトローナはしばしば「マトロナエ」と複数形で書かれている。3人のマトローナが並んだ石像もさほど珍しくはない。3人の場合、髪をまとめず流した若い女性がいたり、豊穣を意味する果物や穀物を手にしていたりする。実はマトローナという単語は、固有名詞としてだけでなく、他の女神に対して「母なる」という意味の形容詞として使われることもあるので、何体も一緒に存在できるのだ。

その実例が、イングランドの北西カンブリア州から出土した2枚の石碑だ。そこでは英語のフェイト（宿命）と同語源の宿命の三女神パルカエが、マトリブ（すなわちマトロナエ）と呼ばれていた。パルカエは、本来は出産および新生児を見守る3女神であり、確かにマトロナエ、すなわち母神と呼ばれるのにふさわしい。

デア・マトローナ様と対になる父神は、ディス・パーテルと呼ばれます。ですがディス・パーテル様の妻は、デア・マトローナではなく120ページで紹介するヘレクラ様です。対になる神ではありませんでしたっけ……？

illustrated by ヨカルラ

私たちの温泉へようこそ

シロナ

欧文表記：Sirona　別表記：サラナ、ツィロナ　名前の意味：星　出典：欧州各地の遺跡

3つの卵は生命の証

ケルト人は多くの「泉の女神」を信仰していたが、そのなかでも特に広い地域で信仰されたのが、シロナという女神である。シロナの神殿は、西はフランス最西端のブルターニュ半島から、東は東欧最東端の国ルーマニアまで、実に幅広い地域から見つかっているのだ。

右の写真はドイツ西部の街ホッホシャイトから見つかったシロナ像のレプリカである。このシロナ像は、左手に3つの卵を持っており、右腕に蛇を巻き付けている。卵は多くの文明において生命力と多産のシンボルであり、蛇は脱皮して成長する生態が不死や再生、医療と結びつけられることが多い。つまりシロナは医療と生命の女神なのである。各地で見つかるシロナの像が持っている物品は、ほかにもバリエーションがあるが、ケルト人が治癒と結びつけている「犬」を抱いている像、小麦とブドウ（大地の豊穣の意味）を持つ像などがあり、いずれも医療や生命力と関連づけられる。

シロナの彫像のレプリカ。蛇を持ち、卵を手にしたタイプである。

ホッホシャイトにあるシロナの神殿は、泉を囲むように建てられ、泉の水は小さなため池に注いでいた。そして92ページで紹介したスーリスの神殿と同様に、このため池にはたくさんのコインや、粘土を焼いて作った小さなシロナ像が奉納され、現代になって考古学的出土品として人々の注目を集めている。

シロナの夫「ゴールのアポロ」

112ページのナントスエルタと同じように、シロナもローマ神話の神と同じ名前を持つ男神を夫としている。その名はアポロという。

ローマ神話のアポロは、ギリシャ神話のアポロとほぼ同じ存在であり、太陽神、狩猟神、医療の神として信仰されていた。ナントスエルタの夫であるアポロは「ガリアのアポロ」と呼ばれ、医療の神としての側面が強く出ている。彼は霊験あらたかな泉や温泉を湧かせ、さまざまな疾病《しっぺい》を遠ざけるのである。

シロナの碑文に、神殿を建てるために寄付をした人間の名前が書かれているものがありましたわ。人間たちが私財を寄付したがるほど信仰が集まれば、マブの上をいくことができそうですわね。

illustrated by 西沢５ミリ

さあ、安らかにお眠りなさい

ヘレクラ

欧文表記：Herecura　別名：エレクラ（Erecura）、アエリクラ（Aerecura）
名前の意味：青銅？　女主人？　出典：ドイツ、シュトゥットガルトなどからの出土品

古代ローマ世界を股にかける大地母神

ヘレクラが崇められていた地域は広大だ。そのため名前が一定せず、エレクラ（Erecura）、アエリクラ（Aerecura）などとも表記されている。石碑の数はドイツが一番多く、次いでオーストリア、イタリアの順だが、他にもフランス、ルーマニア、そしてアフリカ北岸のアルジェリアにまで、その足跡は残されている。そのアルジェリアのセラウア・アヌナ碑文には「神々の母」および「大地母神」という敬称がある。

ドイツ、シュトゥットガルトのバート・カンシュタットで見つかったヘレクラの像。その外形も迷える死者の魂を導く役割も、日本の地蔵菩薩に酷似している。

唯一残存すると言ってよい、ドイツのシュトゥットガルト出土の全身像では、ヘレクラは玉座に腰かけ、ゆったりとした足元までの長いローブを着込んでいる。きちんと靴を履き、膝の上で果物の入った器を抱えている。髪は玉ねぎ状にまとめられ、表情はどちらかといえば陰鬱で、下方を見ている。その視線の先はおそらく冥界である。

父神ディス・パーテルや冥府犬とともに

称号からわかるように、本来ヘレクラは、大地と自然の女神である。抱える果物は、大地に根を張って伸びる樹木からの、人間に対する贈りものだ。

そして大地の底には、死者の魂が赴く冥界がある。これらの理由からヘレクラは、死後の世界をも担当するようになり、ローマの冥府の女神プロセルピナと同一視されるようになった。実際ヘレクラの石碑や彫像は、よく霊廟に祀られている。

南方のオーストリアやイタリアでは、やはり大地と冥界を統べる父神ディス・パーテル（こちらもローマの冥府の神プルートと同一視される）が、よくヘレクラの隣に配されたり、碑文で一緒に言及されたりする。なかでもオーストリアのペトローネル=カルヌントゥムの石碑では、死者の魂の安寧を願うために、ディス・パーテルのみならず、冥府の番犬ケルベルス（ケルベロスのローマ語読み）まで名前が挙げられている。

一方、イングランド北部のノーサンバーランドでは、彼女の名の男性形アレクリオと刻まれた神像が見つかっている。崇拝の過程で、性別を変えられた可能性がある。

ギリシャ神話の主神ゼウスの正妻は、「ヘラ」という結婚の女神です。ヘレクラの語源ははっきりしませんが、この「ヘラ」が語源である可能性もあるとか。こんど本当のところはどうなのか、本人に聞いてみますか。

illustrated by 真仲うか

大猪を駆る元祖もののけ姫!

アルドゥインナ

欧文表記：Arduinna　名前の意味：高き女　出典：ローマや、ドイツのデューレンからの出土品

山林を駆けめぐる狩猟女神

アルドゥインナはベルギー、ルクセンブルク、フランス、そしてドイツにまたがる森林高地で信仰されていた女神だ。その辺りは現在、彼女の名からアルデンヌと呼ばれている。名の意味は「高き女」で、その高地の支配者であることを示唆している。

彼女の碑文は、2 個しか見つかっていない。ひとつは 1859 年、付近のドイツのデューレンで発見された文字だけの石碑である。もうひとつは3世紀のローマのレリーフ（右写真）で、居並ぶ英雄ヘラクレス、神々の使者メルクリウス、主神ジョーヴ、ケルトの戦神カムルスの左端に涼しい顔で立っている。短いチュニックと短いブーツを着用しており、腕も脚も露出部分が多い。左手では弓を持ち、右手は後ろにやられて背負った矢筒の矢羽に指先を当てており、何かあったらいつでも標的を射抜くことができるよう備えている。すなわちアルドゥインナは、狩猟の女神なのである。

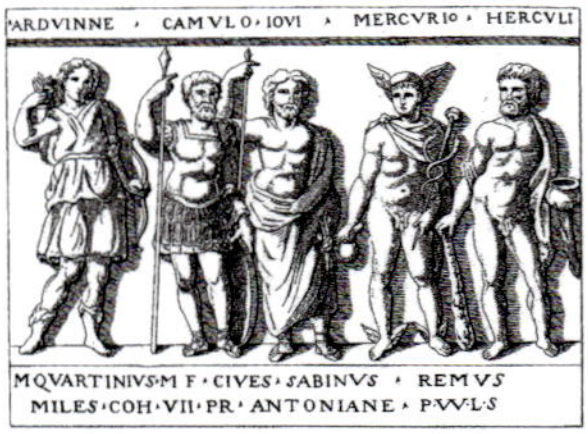

一番左から、４人の男神のうち誰に狙いをつけるのか思案しているようにも見えるアルドゥインナは、神々の中でいちばんしたたかなのかもしれない。

豊穣女神の眷族たる猪

フランスのアルデンヌ県は、県の紋章に描かれるほど猪が有名だ。そのせいで、19 世紀に発見されたフランス国立考古学博物館にある「猪に乗る狩猟女神」の像も、銘文はないがアルドゥインナだという説がある。左手と頭は欠けているが、短いチュニックをベルトで留め、矢筒らしきものを背負い、右手には短剣。跨るのではなく、猪に軽やかに横乗りしている。1万年以上の昔より猪の女神は豊穣を司り、多産と豊作の加護が期待された。そもそも世界の主要な家畜である豚は、猪を家畜化したものだ。ドングリがたくさん落ちている森に放つだけで丸々と太るため好まれたのである。

トゥールのグレゴリウスの『フランク史』第8巻 15 章によれば、西暦 585 年以前、キリスト教の助祭ウルフィライクスは、アルデンヌのカリニャン付近の人々を改宗させ、山にあったアルドゥインナとおぼしき巨大な狩猟女神像を倒して粉々にした。助祭は祟りで腫瘍だらけになったが、1日で完治した。悲しすぎる異教終焉の記録だ。

「アルデンヌ」と聞いてピンと来た者は歴史好きか軍事好きじゃな。この森は第二次世界大戦で、ドイツの戦車部隊の進撃路になったんじゃ。森からなだれ込む戦車は、アルドゥインナの矢に見えたかもしれんな。

illustrated by モレシャン

ラ・セーヌの乙女は癒し系

セクァナ

欧文表記：Sequana　名前の意味：早瀬　出典：フランスのディジョンなどの出土品

カモの小舟でスイスイと

女神セクァナが乗るのは、今どきの観光ボートを思わせる水鳥の船。カモともガチョウとも白鳥ともつかないが、それらを兼ね備えた、しもべの神鳥であろう。

セクァナは、フランスの首都パリを流れるセーヌ川の女神である。「早瀬」を意味するこの名が、川の名称としてカエサルの『ガリア戦記』にも登場している。この名前が変化して、フランス語のセーヌとなった。

セーヌ川の水源は、フランス東部ブルゴーニュ地域圏の首府ディジョンから、北西 40 キロメートルほどにある泉である。この泉に、1836 年から始まった発掘調査で、セーヌ川の化身たる女神セクァナの神殿があったことがわかった。奉納物として捧げられたコインの年代から、紀元前 1 世紀～西暦 4 世紀まで信仰されていたことが伺える。

1937 年に見つかったセクァナの有名な青銅像は、ゆったりした布を服としてまとい、左ひじのあたりでまとめ、両肩は隠れている。頭上には帯状の冠がある。両手は軽く広げられ、来たる信者を歓迎している。

彼女の乗る水鳥船の船首では、鳥がボール状の物体をくわえている。それはセクァナがもたらす、癒しの果実かもしれない。

体のあらゆる部分を癒す女神

セーヌ川の水源のセクァナの泉には、金や銀や石や木で作られた人間の頭、胴体、手足、臓器、あるいは犬など動物の模型が奉納されていた。患部の模型（形代《かたしろ》）を納めて治癒を期待したのだ。銘文にはセクァナの尊称「聖なる帝妃《アウグスタ・サクルム》」が刻まれている。

往時は巡礼者のための療養所もしくは保養施設があり、患者は何泊もして治療に励んだ。源泉の水自体に力が宿っていると考えられたため、飲んだり、患部を浸したり、沐浴したりしたようだ。目の病には、特に効果があるとされていた。

19 世紀の発掘のあと、フランス皇帝ナポレオン三世はセーヌの源泉を聖地に指定し、整備を進めた。現代でも、セーヌの源泉に行った観光客は、みな視力回復の願をかけて、その水で目を洗ったり、ペットボトルに入れて持ち帰ったりしている。

現代のセーヌ川の水源には女神セクァナの像があります。ですがこの像、本当はセーヌ川のニンフ、つまりギリシャの水の精霊の像です。約 70 年後に上のセクァナ像が見つかったので、この像も設定変更したのです。

illustrated by Shionty

海の旅なら私にまかせて!

ネハレンニア

欧文表記：Nehalennia　名前の意味：舵を取る女　出展：オランダのコレインスプラートなどの出土品

今も崇拝される、犬を従えた水先案内人

旅の女神ネハレンニアへの信仰は４世紀ごろに一度絶えたが、最近人気が再燃し、2005年、オランダ西南端ゼーラント州コレインスプラートに神殿が再建された。

その姿は、丸い帽子をかぶった若い女性で、ゆったりとした服の上に、肩だけを覆う短いマントを羽織っている。玉座に腰かけるか、直立している。たいていは、右脇に耳の尖った猟犬、もしくは番犬を引き連れている。左脇にはリンゴなどの果物かご、パンかご、穂束、あるいは豊穣《コルヌコピア》の角が置かれ、豊作や商売繁盛の加護を約束している。

ケルト人だけでなく、ゲルマン人やローマ人にも人気があった。この世だけでなく、死後も迷わぬよう、あの世での航海の安全も司っていたと考える学者もいる。

船、オール、舵、もやい綱、海獣（イルカなど）など、航海をイメージさせる要素も像に添えられ、船では舳先に片足を載せたりしている。まれに航路安全を意味する太陽のシンボルが、彼女の頭上で輝いたり、装身具として着用されたりした。

ライン河と北海の守護者

ネハレンニアは、北海に面するオランダ西南端ゼーラント州を起点とし、ライン川やその支流で崇められていた女神である。

1647年1月5日、ゼーラント州の西端に近いドンブルグあたりで、嵐で流された人々が、30個ほどの石の“絵馬”とネハレンニアの神殿を発見した。1970年４月４日には、同州の東寄りのコレインスプラートで別の神殿が見つかり、最終的に120個以上の絵馬が回収された。他にも、ライン川上流のドイツ南西部ケルンから、少数だが絵馬や彫像が出土している。さらに絵馬の銘文から、同じく南西ドイツのトリーア、スイス北部アウグスト、フランス東部ブザンソンや北部ルーアンなどの信者が確認されている。絵馬用の石材は、河口から650kmも南下したフランス東部のメスより運ばれていた。銘文には、フランスやイギリスまでの航海安全を祈願したものもあった。

ネハレンニアの信者は主に、比較的裕福な船乗りや商人である。商人は、ワイン・塩・魚醤《ガルム》などの取り引きの成功の他に、家内安全をも祈ることがあった。

あっ、この名前知ってる！「セーラームーンSuperS」のネヘレニア様だ！デッド・ムーンの女王様。そっかー、かっこいい名前だと思ったらケルト神話の女神様の名前だったんだ〜。

illustrated by 琴すおみ

はじめてのケルト神話講座⑦

ケルトの母系社会

ねーブリギッドせんせー、ケルト神話って、妙に女の子が多くない？
女神様も多いし、ニンゲンのヒロインも多いでしょ。
ディーナが読んでくれる、よその国のお話とはずいぶん違うよね。

そうですね、ケルト神話は、近隣の北欧神話やローマ神話などとくらべても、女性にスポットライトが当たる神話です。その理由のひとつは、ケルト人の社会は「母系社会」であることでしょう。

母方の血縁関係でつながる「母系社会」の共同体

女系社会の「家族」の範囲

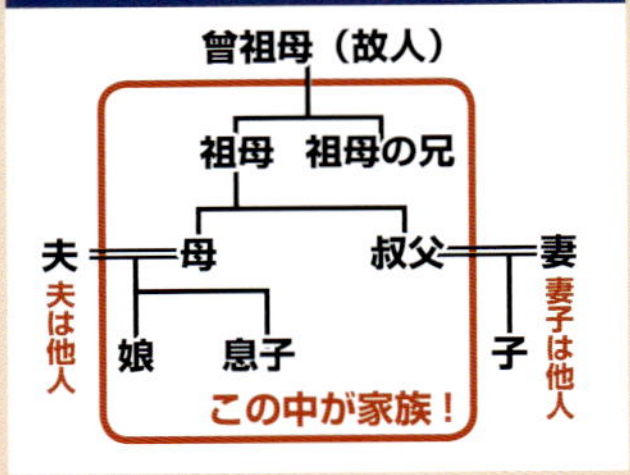

ケルト人は「母系社会」の共同体で暮らしていた。これは「同じ母親から生まれた血族と、その子孫」だけを家族と考える社会制度である。女性の夫は外部の血族から迎え、妻と同居しない。夫は、自分が属する家族から妻の元に通う「通い婚」をするか、子供を産ませたあとは一切関わらないかの二択となる。

母系社会の財産は、同じ家族の中で相続される。母の財産は娘へ、男性の財産は彼の子供ではなく「同じ母から生まれた姉妹の男児」に相続されるのだ。

母系社会が神話に与えた影響

母系社会の構造は、ケルトの神話にも多大な影響を与えた。

母系社会においては、家族の血縁関係の要となる「最年長の母親」が家長に近い役目を果たす。そのため神々の母が誰なのかが非常に重要なのだ。たとえばアイルランドの神の一族「トゥアハ・デ・ダナーン」は、母神ダヌ（➡p20）の兄弟や子孫で構成される「女神ダヌの一族」であり、それ自体がひとつの家族として機能している。フォモール族の母神ダムヌ（➡p52）、ウェールズの母神ドーンも同様である。

大地の実りと動物の多産をもたらす母なる神「大地母神」は世界各地の神話に存在するが、ダヌのようなケルト神話の地母神はその典型例とされ、神話学の世界には「ケルトのグレートマザー」などという表現もあるほどだ。男性の血縁を語るうえで女性の名前がかならず必要になり、社会的重要度も高いため、ケルトの神話には地母神、女神、ヒロインが数多く登場するのである。

母系社会の長所は「子供の父親が誰かでもめない」ことと、「優秀な男子を婿に迎えて一族を強化できる」ことじゃな。日本のオオサカの商人は、優秀な若いモンを娘の婿にして、経営を強化しておったそうじゃ。

ケルトの薫《かお》る女たち

「ケルト神話」のエッセンスは、古いケルト神話の文献だけではなく、その後のキリスト教化したヨーロッパの民話にも影響を残しています。

この章では、ルーツをたどるとケルト神話につながっている、9名の人間、妖精、魔女を紹介します。

あらあら、
この方もケルトの影響を
受けていたのですね。

ケルトの薫る女たち

みなさんがよく知っているヨーロッパの英雄や妖精、ヒロインのなかには、実はケルト人の伝説の影響を色濃く残している人物が多いのです。
読んでいくと、意外な名前に驚くかもしれません。

ヨーロッパ西部は、かつて「ケルト人」と呼ばれる民族が、
独自の文化をもって栄えた土地でした。
ケルトの文化や信仰はキリスト教の流入でほとんど消滅しましたが、
ヨーロッパの伝説に登場する人物は、ケルト人の文化を、
形を変えて受け継いでいることが多いのです。
ここではケルト文化の痕跡を今に残す、9名の女性を紹介します。

ケルトの女性①

ローマ帝国に反旗を翻した反逆の女王

ブーディカ

欧文表記：Boudica　出典：史実、1世紀ローマ
別名：戦いの女王

ブーディカは、古代ブリテンのイケニ族の女王である。彼女はブリテン島の支配者であったローマ帝国の圧政に苦しんでいたケルト人を集め、大規模な反乱を起こしたことで知られている（➡p94）。

ローマ帝国に自身の誇り、ひいてはケルト人の誇りを踏みにじられたことへの"復讐"として起きたとも言える反乱は、今なお語り継がれている。

ここにケルトの薫りあり!

ブーディカの反乱は、後世にその伝承が一般に伝わると、数々の創作物に影響を与えた。また、女王ブーディカの生きたイギリスの地には、古代ケルト人の息吹とも言える彼女の伝承が、反乱から2000年以上経った今でも色濃く語り継がれている。その証拠に、イギリスの首都ロンドンの観光名所、ウェストミンスター橋の近くには、ブーディカとふたりの娘を乗せたチャリオット（戦車）の石像が建てられているのだ。

ケルトの女性②

領民のためなら恥をいとわず

ゴダイヴァ夫人

欧文表記：Lady Godiva　出典：イングランドの伝承
別名：特になし

領民のために“全裸で馬に乗り、街を練り歩いた”伝説で知られる貴族女性。これは彼女の夫が領民に重税を課していたため、税を軽減して領民を苦しみから救う対価として夫に要求されたことだった。領民たちは彼女の苦痛を和らげるべく、その裸体を決して見なかったという。なお、夫人は11世紀イングランドに実在した人物だが、伝説は後世の創作である。

ここにケルトの薫りあり!

この伝承における「苦しむ民衆を助けるため、馬に乗り、屈辱的な試練を乗り越える」というゴダイヴァ夫人の姿からは、ケルトの馬の神エポナ（➡p106）や、みずから進んで罰を受けたリアンノン（➡p86）のありようを彷彿《ほうふつ》とさせる。

余談だが、ベルギーのチョコレートメーカーとして日本でも有名な「ゴディバ（GODIVA）」の名前は、このゴダイヴァ夫人からとられたものである。

ケルトの女性③

フランスの国民的ヒロイン

ジャンヌ・ダルク

欧文表記：Jeanne d'Arc　出典：史実、15世紀フランス
別名：オルレアンの乙女、フランスの守護聖人

ジャンヌ・ダルクは、14世紀から15世紀にかけて続いたフランス対イギリスの「百年戦争」において、崩壊寸前であったフランスを逆転勝利へと導いた英雄である。彼女は「この都市を落とされたら負ける」ほどの要地だったオルレアンの街が、陥落寸前まで追い込まれたときに颯爽《さっそう》と登場し、わずか10日間で都市を敵から解放するという偉業をなしとげている。

ここにケルトの薫りあり!

オルレアンの解放を皮切りにジャンヌは快進撃を続け、百年戦争にわずか1年で、事実上の決着をつけている。彼女は強いカリスマ性を備えており、数多くの高名な騎士が彼女を側で支えていた。有名どころとしては、ジャンヌに心酔していた男爵ジル・ド・レなどである。無名の少女が短期間で大きな実績を上げ、英雄となる様はアーサー王を、彼女を支えた騎士たちは円卓の騎士の姿を彷彿とさせる。

ケルトの女性④

春祭りの主役に選ばれた少女

メイ・クイーン

欧文表記：May Queen　出典：ケルトの伝承
別名：５月の女王

ケルト人は農耕と牧畜の民であり、その生活は四季の変化に同調していた。そのため、ケルトの祭は季節の区切りと、家畜や作物の豊穣を祝うものだった。

メイ・クイーンは、春の始まりから初夏にかけての季節を擬人化したキャラクターだ。これは春夏秋冬の最初の日を祝う祭りのひとつで、５月１日に行われる春の祭「ベルティネ」に大きく関わっている。

ここにケルトの薫りあり!

この祭りは農作物、牛や羊など家畜の成長を祈願する火の祭で、ベルティネには「美しい火」という意味があり、ケルトの女神ベレヌスに関係が深い。この祭りでは、人間、家畜、作物の無病息災と豊饒が願われる。

ベルティネの祭りは、村の少女の中から「５月の女王《メイ・クイーン》」を選ぶところからはじまる。そして催しのなかで、女王は「５月の王《メイ・キング》」と結ばれるのだ。

ケルトの女性⑤

森の王者ロビン・フッドの恋人

メイド・マリアン

英語表記：Maid Marian　出典：中世イングランドの伝説
別名：乙女マリアン

イギリスの伝説『ロビン・フッド』には、メイド・マリアンというヒロインが登場する。彼女はロビン・フッドの住むシャーウッドの森に近い、ノッティンガム地方の領主の血縁者で、伝承によって妻、娘、未亡人などと立場が変わっている。

マリアンはロビン・フッドの恋人であり、近年ではお転婆娘ながら有能な戦士としても描かれている。

ここにケルトの薫りあり!

ロビン・フッドの活躍する演劇は、ベルティネ（五月祭）の一般的な出し物のひとつであり、各地で上演されていた。またベルティネの司祭的な役割を演じるのは「５月の王《メイ・キング》」であり、森の王者であるロビン・フッドと５月の王、その恋人マリアンと５月の女王《メイ・クイーン》が混同されていくのは自然の成り行きであろう。またベルティネとロビン・フッドの関わりは、後世のロビン・フッドの物語群に多大な影響を与えている。

ケルトの女性⑥

黒い肌の聖母マリア

ブラック・マリア

英語表記：Black Madonna　出典：史実、世界各地
別名：ブラック・バージン

ブラック・マリアとは、日本では「黒い聖母」と呼ばれているもので、聖母マリアの肌、特に顔や手足が黒く塗られた像や絵画を指す言葉だ。

またこれとは別に、肌は黒くないが、全身を宝石などの装身具で飾ったマリア像もブラック・マリアと呼ばれる。黒い肌も、宝石の装身具も、キリスト教の常識的にはありえないことである。

ここにケルトの薫りあり!

ブラック・マリアは、おもにフランスを中心とする、ケルト人が住んでいた地域に多く現存している。近年の研究では、ケルト人にとって黒という色は、豊穣をもたらす「大地母神」のイメージカラーだったと考えられている。宝石の装身具をつけたマリア像も、同様にケルトの大地母神をイメージした可能性がある。つまり、キリスト教の聖母マリアとケルトの大地母神が融合したものが「ブラック・マリア」なのだ。

ケルトの女性⑦

悪役にされたアヴァロンの妖精

モルガン・ル・フェ

英語表記：Morgan le Fay　出典：アーサー王伝説
別名：妖精モリガン

トマス・マロリーのまとめた『アーサー王物語の死』に登場するモルガン・ル・フェは、特に明確な理由も明かされないまま、弟アーサーに敵意を抱き、エクスカリバーを奪うなど数々の妨害を行う悪役である。

だが、彼女がはじめてアーサー王伝説の一員として登場した『マーリンの生涯』では、モルガンは悪の存在ではなかった。彼女は深い知識でアーサー王に助力する、９人姉妹の長女として登場している。

ここにケルトの薫りあり!

モルガン・ル・フェが９人姉妹である理由としては、ケルト神話の聖なる数字「3」が３つある「9」がケルト神話における究極の数字であるためだとも、北欧神話やギリシャ神話に登場する、９人姉妹の女神の影響を受けたものとも考えられている。また、彼女の原型は戦いの女神モリガン（➡p26）にある可能性が指摘されている。

ケルトの女性⑧

アーサー王伝説に深く関わる

ヴィヴィアン

英語表記：Viviane　出典：アーサー王伝説
別名：ニニアン、ミニュエ、エレインなど多数

アーサー王伝説、特に『アーサー王の死』に登場する超自然的な存在のなかでも、特に重要な役目を担っているのが、ヴィヴィアンと呼ばれる、異世界アヴァロンに住む「湖の乙女」である。彼女はアーサー王伝説に欠かせない存在で、アーサー王に聖剣エクスカリバーを授けるのみならず、数々の登場人物や物語に深く関わっているのだ。

ここにケルトの薫りあり!

ヴィヴィアンは、円卓の騎士ランスロットを主役としたフランスの騎士物語で、ランスロットを育てた妖精として、はじめてアーサー王伝説の世界に登場し、のちに役割がどんどん拡大していった。そんな彼女のルーツは、ケルト神話の戦いの三女神ヴァイヴ・カハのひとり「ネヴァン」（➡ p30）である可能性が高い。また、アーサー王の助言者である魔術師マーリンを封印した妖精ニミュエも、ネヴァンから発展したものだと思われる。

ケルトの女性⑨

異形の呪いに翻弄されて

メリュジーヌ

英語表記：Melusine　出典：フランスの伝承
別名：メリサンド

メリュジーヌはフランスの民間伝承に登場する、半人半獣の女性である。彼女は普段は人間の姿だが、毎週土曜日になると下半身が竜（または蛇）になってしまう、という呪いをかけられている。彼女は正体を隠して人間男性と結婚し、子宝にも恵まれるが、最終的には破綻を迎える。彼女は誓約を破られ、永久に竜の姿から戻れなくなり、家族の元を去るのだ。

ここにケルトの薫りあり!

作中でメリュジーヌの出身地は、ケルト人が住むスコットランド、またはイングランドだとされている。また、登場人物が呪いや誓約に縛られ、うまく誓約の不備を突けば幸せになれるが、誓約を破れば不幸が訪れるというストーリーは、アイルランド神話とウェールズ神話でしばしば語られる「誓約（ゲッシュ）」（➡ p48）にきわめて近いものであり、明らかに「島のケルト」の伝説に影響を受けた物語である。

ブリギッド様が教える！ケルト神話＆文化講座

人気がほしけりゃ頭を使え！
神様マネジメント事務所……136
ブリギッド様のケルト神話講座……138
アイルランドの神話……140
アイルランド神話の原典……142
トゥアハ・デ・ダナーン神話……144
アルスター神話……150
フィアナ神話……156
ウェールズ神話……160
コーンウォール・ブルターニュの神話……168
大陸のケルト神話の生き証人『ガリア戦記』を追う！……170
ケルトの文化と歴史……172

ここまではティターニアさんとマブさんのアイドル活動をサポートしてきましたが、ディーナさんからの本当の依頼も達成しなければなりません。ここからが本番です、頑張りましょう、アーサー先生。

人気がほしけりゃ頭を使え！神様マネジメント事務所

ケルト神話の神々のありかたを参考に、ふたりの営業活動につとめてきたわけですが……その後の人気はどうなりましたか？

（データを見ながら）もちろん、お屋敷に引きこもっていたころとくらべれば、知名度も人気も格段に上がっておられます。
ですがあくまで「街の人気者」の範囲を超えておられないようですね。

えーっ!?　あんなにあちこちで頑張ったのに、まだ駄目なの～!?

お待ちなさいマブ、失敗にはかならず理由があるはずよ。
……特に人間界からの支持が薄いようですわね。
アーサー先生？　理由はおわかりなのかしら？

ふむ。あえて言うなら……お嬢ちゃんたちが、人間のことをあまりに知らなさすぎるからではないかの。
人間を知り、人間が好むアピールをせんと、人間の神には勝てまいよ。

なるほど、よくわかります。
たしかに私たち妖精も、どんなに素敵な歌い手様でも、妖精のことを無視している方に声援を送ることはありませんものね。

それでは話は決まりですね。
ティターニアさんとマブさんには、
人間の価値観や信仰を知ってもらうために、
彼らが作ったケルト神話や、
ケルト人の文化について勉強してもらいます。
さあ、楽しい楽しいお勉強の時間です。
（眼鏡くいっ）

ケルト人の信仰と文化を知るために!

まずは神話をおさらいしよう!
ブリギッド様のケルト神話講座

まずはケルト人の信じる神話世界を知ることが先決です。妖精という種族が人間から支持されるには、必要なプロセスでしょう。

この章では、ヨーロッパ各地に伝わるケルト人の神話を、もっとも多くの神話が残っているアイルランドを中心に、地域別に分けて紹介します。

138ページへ!

神話をつくった人々を知ろう!
ケルト人の文化と歴史

ワシらアーサー王伝説の登場人物は、もともと「ケルト人」という民族に属しておった。ケルト人というのはこんな連中だったんじゃ。

ケルト神話とは、かつてヨーロッパで隆盛を誇った民族集団、ケルト人が作り伝えた神話の総称です。神話を作ったケルト人とはいかなる民族だったのかを解説します。

172ページへ!

え～っ、旅行して歌って踊ってればよかったのに、お勉強～？
なんかもうめんどいな～、ターにゃん、もうこれやめにしない？

何を言ってるんですか、人気者になりたいのでしょう？
このくらいで弱音を吐くなんて、格好悪いですわ！
（人気集めが中止になったら、神様になれなくなってしまいます！）

ブリギッド様のケルト神話講座

まずはケルト人の信仰のありかたを知るために、ケルト人たちが信じていた神話の世界を案内しましょう。この知識を使ってケルト人が自然に崇めたくなるような方法を探し、人気を一気に高めるのです。

ところでブリギッド様、ひとつ質問ですわ。
そもそも「ケルト神話」というのは、いったいどんな神話なのです？

そうですね、ひとことで言えば「種類がたくさんある神話」です。
ケルト神話とは「ケルト人が伝承していた神話」すべてをまとめて呼ぶときの名前ですから、地域ごとに別の神話と言ってもいいくらいですよ。

うわぁ……別々ってなんかめんどーっぽい。
何種類あるの……4 種類？　多いよぉ。

まあ、いろんな話を楽しめると思えばよい。
ブリギッド殿の語り上手に期待しようではないか、どうだね？

「トゥアハ・デ・ダナーン神族」の呼称について

18 ページでも説明していますが、アイルランド神話の主役は私たち、「トゥアハ・デ・ダナーン神族」と呼ばれる神の一族です。この名前は私たち一族にとって、お母様の名前を冠した大事な名前なのですが……いかんせん一族の名前を出すたびに 13 文字も使うのでは、ほかに説明したい大事なことが語りきれなくなってしまいます。

ですからここでは、文字数を節約するために、私たちのもうひとつの呼び名「ダーナ神族」という名前を併用します。トゥアハ・デ・ダナーン神族とダーナ神族は、まったく同じものですので注意してください。

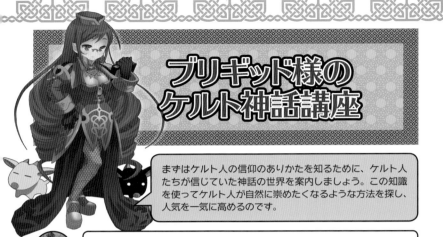

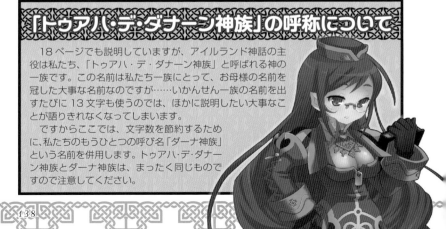

これから紹介する4地方の神話

ケルト神話の特徴として、地方ごとに神話の中身に違いが大きいことがあげられます。ヨーロッパ各地に点在するケルト神話の伝承地を、以下の主要な4つに分けて、それぞれ順番に紹介していきましょうか。

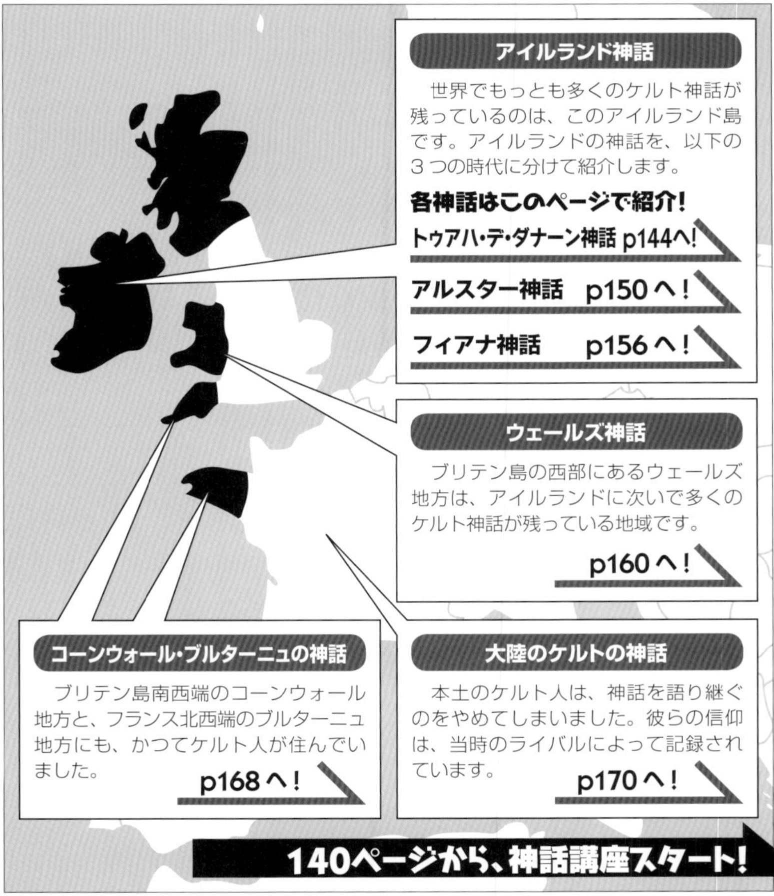

アイルランド神話

世界でもっとも多くのケルト神話が残っているのは、このアイルランド島です。アイルランドの神話を、以下の3つの時代に分けて紹介します。

各神話はこのページで紹介！

トゥアハ・デ・ダナーン神話 p144へ！

アルスター神話　p150へ！

フィアナ神話　p156へ！

ウェールズ神話

ブリテン島の西部にあるウェールズ地方は、アイルランドに次いで多くのケルト神話が残っている地域です。

p160へ！

コーンウォール・ブルターニュの神話

ブリテン島南西端のコーンウォール地方と、フランス北西端のブルターニュ地方にも、かつてケルト人が住んでいました。

p168へ！

大陸のケルトの神話

本土のケルト人は、神話を語り継ぐのをやめてしまいました。彼らの信仰は、当時のライバルによって記録されています。

p170へ！

140ページから、神話講座スタート！

アイルランドの神話

アイルランド神話は、
イギリスの西に浮かぶ巨大な島
「アイルランド島」に
古くから伝わる神話です。
ケルト人が住んでいた地方のなかで
もっとも最近まで
神話を語り継いでいた地方で、
もっとも多くの神話が
残っています。

アイルランド神話は「島の歴史」

アイルランド神話の内容は、すべて「このアイルランド島で、古い時代に実際に起こった出来事」だという建前になっています。

つまりアイルランド人にとって、アイルランド神話とは「自分たちの民族のルーツを示す歴史」なのです。

このように、神話を自分たちの民族の歴史に組み込む行為は世界各地の神話に見られます。有名なところでは、ギリシャ神話や、われわれ日本の神話（『古事記』などが該当）などが代表的なものです。

アイルランド北部の男たちに呪いをかける女神モルガン。1904年出版の再話『The Boys' Cuchulain』の挿絵より。

アイルランド神話は、すべてのケルト神話のなかでもっともボリュームが豊富で、非常に有名です。ケルト神話といえばこのアイルランド神話のことを指すこともあるくらいですから、その有名さがわかろうというものですね。

そんなに重要な神話なのでしたら、しっかりお聞きしなければいけませんね。
……お嬢様、寝ている場合ではありませんよ!?

アイルランド神話が説明する歴史のなかで、神話の題材となっている時代は４つあります。まずは歴史全体の流れと、各時代の説明を簡単に行いましょう。よりくわしい内容はこのあとのページで紹介しますよ。

アイルランド神話、4つの時代

時間の流れ

大洪水

紀元前20世紀
〜紀元前13世紀ごろ

人間族の勝利

紀元前1世紀ごろ

3世紀ごろ

3世紀〜11世紀

トゥアハ・デ・ダナーン神話 ➡p144

アイルランド人が信仰した神の一族「トゥアハ・デ・ダナーン」を主役にした、神々の争いの神話です。

アルスター神話 ➡p150

アイルランド島に生まれた、神の血を引く英雄「クー・フーリン」の戦いを描く神話群です。

フィアナ神話 ➡p156

アルスター神話から約 300 年後、アイルランドの王に仕えた「フィアナ騎士団」の恋と戦いを描きます。

王の神話

フィアナ神話以降の時代で、全アイルランドの王となった歴代の「至高王《アルド・リー》」にまつわる物語です。

矢印に書かれている年代は、アイルランド神話の重要な原典のひとつ『来寇の書』の記述を参考に執筆された、17世紀の歴史家ジェフリー・キーティングの歴史書『アイルランドの歴史』より抜粋。

４つの時代のなかで、特にお話が多いのは上の３つ、「トゥアハ・デ・ダナーン神話」「アルスター神話」「フィアナ神話」です。次のページからは、この３つの神話がどんな内容なのかをくわしく紹介していきますよ。

アイルランド神話の原典

ねえディーナ、聞いたかしら？
アイルランド神話を書き残したのって、アイルランドの宗教の信者じゃなくって、**キリスト教徒**なんですって。

原典の記録者は「キリスト教徒」だった

原典とは、さまざまな形で語られている神話の、元になった資料のことです。アイルランド神話の場合、11〜14世紀に書かれた書物が原典とされています。

実はこの原典を書いたのは、アイルランド土着の宗教を信仰する人々ではなく、キリスト教徒でした。アイルランドの知識階級であるドルイドたちは、神話を文字で記録せず、詩や歌として語り継ぎました。そのため、神話を受け継ぐドルイドたち自身による文字の記録はなく、キリスト教徒の本が最古の記録となっているのです。

アイルランドの神話を文書に書き残す活動が本格化したのは11世紀ごろからです。過去の宣教師たちが書き残したメモや、脈々と語り継がれてきた口伝の神話を集めた文献が多数作られ、アイルランド神話の内容を今に伝えています。

アイルランド神話の原典ができるまで

神話を聞き取る

キリスト教の宣教師が、ドルイドから神話を聞き取ります。

文字に記録する

聞き取った神話の内容をラテン語でメモして保管します。

まとめて本にする

詩人が語る神話や、無数のメモをつなぎあわせて本にします。

これは意外ですね。
キリスト教というのは自分たち以外の信仰を認めないイメージがありましたけれど、彼らのおかげで私たちの神話が残ったのですか。

アイルランドでは、宣教師がケルトの信仰との融和をはかったからですね。
ヨーロッパのほかの地域でキリスト教の宣教師が現地の信仰を記録した例は、同じ時代にはほとんどありませんから。

代表的な原典を紹介！

アイルランド神話の原典とされている文献は、数が多く、主要なものだけでも 10 冊以上あります。ここではそのなかでも特に重要な 4 冊を、重要度の高いものから順番に紹介しましょう。

レンスターの書
1160 年完成
ダブリン大学トリニティ・カレッジ蔵

アイルランド神話の原典資料は、1 冊全体が完全な形で残っているものはほぼ存在しません。この『レンスターの書』も合計 45 ページが欠損していますが、それでも総ページ数 1300 を超え、現存する原典のなかでもっとも分量が多い文献です。内容は、おもにアルスター神話の物語を収録しています。

赤牛《ダン・カウ》の書
1100 年ごろ完成　ロイヤル・アイリッシュ・アカデミー付属図書館蔵

アイルランド文学の全書を目指して編集された文献で、神話の原典として利用される文献のなかで最古のものです。
『赤牛の書』という題名は、この本が 6 世紀に実在した宣教師「聖シアラン」の飼っていた赤い牛の皮から作った「牛皮紙」に書かれている、という伝説にもとづくものです。

レカンの黄書
1401 年完成
ダブリン大学トリニティ・カレッジ蔵

1401 年に完成した、比較的新しい写本。総ページ数は 400 を超える大作です。上の 2 冊と比べて保存状態がよく、当時のままの姿で現存しています。なお、この本とは別に『レカンの書』という、名前のよく似た神話集がありますが、作者も内容も異なる、まったく別物なので注意が必要です。

バリーモートの書
1390 年ごろ完成　ロイヤル・アイリッシュ・アカデミー付属図書館蔵

バリーモートとは、アイルランド北西部にある町の名前です。この本がバリーモートの町の近くで執筆されたため、この名前がつきました。各時代の貴重な神話が収録されていますが、これら神話のほかにも、言語、法律、家系図などの情報が充実しており、文献集と呼ぶべき書物になっています。

アイルランドの神話はいろいろあるが、なかでも 141 ページで名前が出とった『来寇の書』という物語が特に重要らしい。上の 4 冊じゃと『レンスターの書』と『バリーモートの書』に、『来寇の書』の物語が入っておるようじゃな。

そうですね。ですが両方の本に載っている『来寇の書』の内容には、若干の違いがあります。なにせケルト神話は口伝えで語り継がれた神話ですから、別の話し手から聞いた神話を本にすれば、内容も変わってくるわけです。

へ～、タイトルがおんなじでも中身が違うんだ。
それで 128 ページまでの女神様の紹介文に、あっちこっちで「○○とする文献もある」って書いてあるんだな～。

アイルランドの神話その①

トゥアハ・デ・ダナーン神話

それでは、アイルランドの重要な神話３つを順番に紹介しましょう。最初に紹介するのは「トゥアハ・デ・ダナーン神話」です。このページを見る前に、18 ページと 51 ページの、神族紹介と相関図を読み直しておくと、お話が理解しやすいですよ。

神々の勝利と敗北の物語

トゥアハ・デ・ダナーンとは、神の一族の名前です。
この神話は、神々が、神話の舞台であるアイルランド島を手に入れるまでの戦いと、人間に敗れて島から身を隠すまでを描いた物語なのです。

アイルランド神話は、かつて無人だったアイルランド島に、世界的な大洪水から生きのびた民族が、次々と来訪してくることによって開幕します。

神話の主人公であるトゥアハ・デ・ダナーン族もまた、何番目かの入植者です。彼らがほかの種族を制圧して島を手に入れ、次にやってきた人間たちに敗れるまでが、「トゥアハ・デ・ダナーン神話」の内容となります。

神話のおおまかな流れ

①大洪水とアイルランド争奪戦

世界が大洪水に飲み込まれた後、生存者が次々とアイルランド島にやってきます。これらの民族のあいだで、様々な確執が生まれていきます。

②トゥアハ・デ・ダナーンが島を統一！

入植者のひとりである神の一族「トゥアハ・デ・ダナーン」が、先住民やほかの侵略者に勝ってアイルランド島を統一します。

③神が人間に敗北！

トゥアハ・デ・ダナーンが島を統一したあと、海の彼方からミレー族という人間の一族が大軍で襲撃。神々は彼らの物量の前に敗れ、歴史の表舞台から去ってしまいます。

このように、トゥアハ・デ・ダナーン神話は、アイルランド島の支配権を複数の種族が争う物語です。支配権がどのように変動したのかを年表にまとめてみましたよ。

6種族によるアイルランド争奪戦!

年代	事件と生き残り勢力
	大洪水発生!
	フォモール　パーソロン
紀元前2000年ごろ	疫病発生!
紀元前1900年ごろ	ネヴェズ族参戦
	フォモール　ネヴェズ
???	疫病のち洪水!
	フォモール
紀元前1514年	フィル・ボルグ族参戦!
	フォモール　フィル・ボルグ
紀元前1484年ごろ	トゥアハ・デ・ダナーン族参戦!
	フォモール　フィル・ボルグ　ダナーン
紀元前1477年	第一次モイ・トゥラの戦い
	フォモール　ダナーン
紀元前1447年	第二次モイ・トゥラの戦い
	ダナーン
紀元前1287年	ミレー族の侵攻!
	ミレー族

人間(ミレー族)の時代にチェンジ!

この矢印の年代も141ページと同様、ジェフリー・キーティング『アイルランドの歴史』よりの抜粋です。

無人だったアイルランド島への最初の到達者は、女系民族のヴァン族でしたが、40日後に洪水で滅亡。その200年後、漁労民のフォモール族が、おもに海岸沿いに住み着きます。

洪水から300年後、黒海付近またはイベリア(現在のスペイン)からパーソロン族という一族が移住してきます。彼らはフォモール族を撃退したものの、伝染病で滅亡します。

次の入植者は、またも黒海付近またはギリシャ出身のネヴェズ族です。戦争では何度もフォモール族に勝った彼らですが、疫病や津波で勢力を弱め、島外に逃げ出します。

島から離脱したネヴェズ族の末裔のひとつ、フィル・ボルグ族がアイルランド島に戻り、フォモール族との融和策を成功させ、島に居場所を作ります。

30年後、ネヴェズ族のもうひとつの末裔「トゥアハ・デ・ダナーン」が侵入。フィル・ボルグ族は敗れ、辺境に追放されました。
しかしトゥアハ・デ・ダナーンはフォモール族に敗れ、その配下として多額の税を支払うなど圧政を受ける屈辱にあいます。

復権した銀腕王ヌァザの手腕でフォモールの支配から脱したダーナ神族は、第二次モイ・トゥラの戦いでフォモール族に勝利します。

海の彼方から人間の種族ミレー族が来襲し、その人数を武器にしてダーナ神族に勝利。神々を異界に追放してしまいました。

注目の3大バトルをスクープ!

「トゥアハ・デ・ダナーン神話」の物語は、これから紹介する3つの戦いを軸に展開します。この3つの戦いを押さえておけば、「トゥアハ・デ・ダナーン神話」のあらすじは完全に理解できるはずですよ。

三大バトルその①

第1次モイ・トゥラの戦い

トゥアハ・デ・ダナーン vs フィル・ボルグ族
勝者:トゥアハ・デ・ダナーン

この戦いは、アイルランド島に移住してきたトゥアハ・デ・ダナーン族が、この島に居場所を作るために行ったはじめの戦いでした。流浪の神々は、先住民たちに強さを示し、安住の地を手に入れたのです。

島への居住権をめぐる条件闘争

アイルランド島に移住してきたトゥアハ・デ・ダナーン族は、先住民であるフィル・ボルグ族と、島を2種族で公平に分け、外敵には共同で当たる契約を結びます。

しかし土地が惜しくなったフィル・ボルグ族は、契約を破ってトゥアハ・デ・ダナーンに戦争を仕掛けてきたのです。ダーナ神族は、王のヌァザを中心にしてフィル・ボルグ族に打ち勝ち、彼らに島の1/4、コナハト地方だけの領有を認めて講和したといいます。

ダーナ神族、フォモール族に敗れる

戦いを勝利に導いた王ヌァザは、片腕を失い、そのために王位をも失いました。アイルランド島の支配者は完全無欠でなければならず、四肢の欠損は認められないからです。

かわりに王位についたブレスは絶望的な悪政を敷きます。そこでヌァザは、医療神ディアン・ケヒトに銀の義腕を作らせて四肢の欠損を補い、ブレスを追放して王位を奪還します。

しかし、魔族である「フォモール」の血を引いていたブレスは、血縁を頼ってフォモール族の王を動かし、ダーナ神族に打ち勝ってふたたび搾取をはじめたのでした。

トゥアハ・デ・ダナーンの神々は、フォモール族を打倒し、神々に自由をとりもどす英雄の出現を待望していました。

銀腕王ヌァザ

三大バトルその②

第2次モイトゥラの戦い

トゥアハ・デ・ダナーン vs フォモール族
勝者：トゥアハ・デ・ダナーン

フォモール族の王「魔眼のバロール」に屈したダーナ神族。
立ち向かうのは、このバロールの血を引く、まだ若い神でした。
ダーナ神族は、種族すべての運命を、この若き混血の神に託したのです。

若き光神ルーvs魔眼のバロール

光神ルー

光神ルーは、ダーナ神族のキアンが、バロールの娘エフニャに産ませた子供です。その子が敵になると危惧したバロールの魔の手をかわし、成人したルーは、あらゆる技術と知恵、そして「長い腕」の異名を取る飛び道具の腕前をひっさげて、ダーナ神族の指導者として認められます。

バロールは、相手を見るだけで殺す魔眼の持ち主でした。そこでルーは、魔眼の射程外から、動物の血と砂を混ぜて固めた弾丸「タスラム」を投げつけ、魔眼を貫いて倒したのです。

三大バトルその③

タルティウの戦い

トゥアハ・デ・ダナーン vs ミレー族
勝者：ミレー族

フォモール族を追い出して築きあげたトゥアハ・デ・ダナーン族の栄光も、
わずか160年で終わりの時がやってきました。
圧倒的な人数を有する種族「人間」が、この島に押し寄せてきたのです。

アイルランド人の祖先「ミレー族」の襲撃!

アイルランドを統治していたダーナ神族の３人の王は、島を訪れたミレー族の男性イスに、遺産分配への助言を求めました。ですが、イスがあまりに島のことを褒めたので、王たちはイスが島を奪おうとしていると誤解し、イスを殺してしまったのです。

これに怒ったのがスペインに暮らしていたイスの一族でした。彼らは軍勢を率いて島に乗り込み、イスを殺した代償として莫大な賠償を求めますが交渉は決裂。ミレー族はダーナ神族の協定破りにもめげずに彼らを撃破し、３柱の女神（➡ｐ40）の抵抗も退け、ダーナ神族を地上から駆逐、異界に追いやったといわれています。

こうして神々の時代は終わり、人間の時代がやってきたのです。
そして異界に逃れた神々の多くは、力を失って妖精と化してしまいました。ティターニアさん、あなたも元はダーナ神族の神々だったはずですよ？

神々の住処、ケルト神話の異界

ところで、ミレー族の前に島に住んでいた種族は、
戦争に負けてどうなりましたの？
……もしかして、皆殺しにされてしまったのかしら？

ティターニアさんは彼らの子孫なのですよ？　当然生き残りましたとも。
敗れた種族の多くは、アイルランド島の地上から姿を消し、島の中心地から遠く離れた辺境や離島、この世ではない「異世界」に移り住んだのです。

アイルランド島での勢力争いに敗れた諸種族は、地上の統治権を放棄して、「それ以外の場所」に移り住んでいきました。その場所は僻地や離島などの「現実的な」場所のほかに、「地下世界」「海の底」などの非現実的な場所「異界」だとされることもあります。

先住種族の移住先

- **トゥアハ・デ・ダナーン**
  ➡ティル･ナ･ノーグ、シー（妖精塚）などへ
- **フィル・ボルグ族**
  ➡コナハト地方（島の北西部）を譲渡される
- **フォモール族**
  ➡海底の異界「マグ・メル（楽しき都）」もしくは「ロッホラン（荒波の国）」へ

◀ティル・ナ・ノーグを旅する英雄オシーン（➡ p159）とニアヴ。1910年『The High Deeds of Finn』の挿絵より。

有名な異界であるティル・ナ・ノーグは、ダーナ神族が移り住んだ地下の異界です。名前は「常若《とこわか》の国」という意味で、苦痛も老いも堕落も醜悪もない楽園だとされています。そのほかの異界もありますが、決まって地下や「西の方角」にあるとされています。

「異界」に行く方法

下は「シー」、左は「ドルメン」。どちらも古代に作られ放棄された遺構で、異界への入り口とみなされた。

ケルト神話の異界は、特別な出入り口で地上とつながっています。その出入り口とは、右の写真にあるような「人間が使っていない、いわくありげな建造物や地形」です。

ただし普通の人間がこれらの入り口に近づいても、異界に入ることはできません。人間が異界に入るためには、異界の住人による招待が必要なのです。

ただし夏至の日やハロウィンなどの特別な日には、この制限がゆるみ、招かれていない人間が異界に迷い込んでしまうことがあります。

どうしてケルト神話に「ノアの方舟」が!?

この『来寇の書』という本によれば、アイルランド神話は洪水から始まったそうじゃが、世界すべてを飲み込む洪水というのもすさまじいのう。なんでも「ノア」という男は、神から洪水の預言を聞いていたそうじゃが。

あら、洪水で「ノア」ですか？　それって最近人間たちが夢中になっている『旧約聖書』の「ノアの方舟」神話ではなかったですか？なぜケルト神話に『旧約聖書』の中身が書いてあるんでしょう？

もともと洪水神話というのは中東の神話が発祥で、世界各地にありますから、この洪水が聖書由来とはかぎりませんが……聖書の「ノア」さんの名前がここにあるのは、『来寇の書』の成り立ちに秘密があります。

『来《らい》寇《こう》の書』の作者はキリスト教徒だった！

トゥアハ・デ・ダナーン神話の重要な原典である『来寇の書』には、神話の始まりを告げる大洪水の場面で、『旧約聖書』の「ノアの洪水神話」に登場する聖人ノアの名前が登場しています。なぜケルト神話と関係のないはずのノアの名前が『来寇の書』に登場するのか、それは『来寇の書』の筆者がキリスト教徒だったからです。

『来寇の書』が書かれた11世紀のアイルランドは、すでにキリスト教への改宗が終了し、古い神話を知っているのは一部の人だけになっていました。『来寇の書』の著者が“なぜ”そうしたのかは今となってはわかりませんが、この著者はアイルランドの神話とキリスト教の教えの融合をはかり、洪水から始まるトゥアハ・デ・ダナーン神話に着目。ダーナ神話の洪水と、『旧約聖書』の洪水は同じものだと結びつけて、ケルトの神話をキリスト教神話の一部に組み込もうとしたと考えられています。

ケルト化した「ケルト系キリスト教」

『来寇の書』のようにケルト神話をキリスト教に組み込もうとした一因は、かつてこの地がケルト神話とキリスト教を融合させた宗派「ケルト系キリスト教」の縄張りだったことに関係があると思われます。土着の神話を排除せず取り込む『来寇の書』の考え方は、ケルト系キリスト教の理念にそっくりです。

ケルトの伝統である組み紐模様と、キリスト教の十字架を組み合わせた、ケルト系キリスト教独自の十字架「ケルト十字」。

キリスト教の影響を受けていないダーナ神話の原典もありますが、どれも特定の事件を描いたものばかりです。『来寇の書』は、神話を時系列に沿って並べ、ひとつの歴史にした点が、非常に重要なのです。

アイルランドの神話その②

アルスター神話

アイルランド神話第２の時代を描く「アルスター神話」は、
最強の英雄クー・フーリンの、無双の活躍を描く神話です。
物語の舞台は、アイルランド北東部に位置する「アルスター王国」。
この国は、島のすべての国を敵にしても戦えるほどの軍事大国でした。
ですが、たびかさなるトラブルでアルスターの軍事力は弱体化し、
ついに、戦える者はクー・フーリンひとりだけになってしまいました。

隣国コナハトの侵略に対し、たったひとりで立ち向かうクー・フーリン。
最強の英雄クー・フーリンは、その手で祖国を守れるのでしょうか？

アルスター神話は、クー・フーリンのためにある神話です。中心となる物語のほかにもさまざまな小話や前日譚が残されていますが、どの話も、クー・フーリンの戦いの舞台を整える役割を担っています。全体の見どころをふたつあげておきましょう。

見どころ① 主役交代!　人間の王国が舞台

この神話の舞台は、トゥアハ・デ・ダナーン神話の終わりから約 1100 年後、神々がティル・ナ・ノーグに去り、ミレー族……すなわち人間が地上を支配するようになったアイルランドです。神話の主要人物はたいてい神の血を引いていますが、神々自身は脇役に下がり、いよいよ人間たちによる物語がはじまります。

見どころ② 最強戦士クー・フーリンの大暴れ!

クー・フーリンは、おそるべき強さを誇る無敵の戦士ですが、国を守る戦士は彼ひとりしかいません。クー・フーリンがどうやってひとりでコナハト王国の軍勢を撃退したのか、そのクー・フーリンにコナハト王国がどのように対抗したのかが、クー・フーリンの大暴れと並んで物語の見どころになっています。

アルスター神話の主役は人間の英雄ですが、彼らはたいていダーナ神族の血を引いています。ただの人間ではなく半神半人と呼ぶべき存在なのです。その強さは桁違いですよ。

アイルランド最強戦士クー・フーリン

たったひとりで国の軍隊に立ち向かうとは、なかなかやるのう。
ワシの円卓の騎士にぜひ加わってほしいものだ。それで、そのクー・フーリンとやらはどんな騎士だったんじゃ？

クー・フーリンは、アイルランド北東部を支配するアルスター王国の王妹《おうまい》デヒテラの息子です。クー・フーリンとは成人後についた異名で、幼名はセタンタ。黒馬セングレンと灰馬マハが引く戦車に乗り、鉄の棒さえねじ曲げる怪力と、「影の国」（➡p70）という異界で鍛えた武芸、そして魔槍ゲイ・ボルグを駆使する最強の戦士です。

クー・フーリンの戦闘モード

彼は美しい容姿の持ち主ですが、戦いがはじまると異形の姿になります。眼球のなかに7つの瞳が生まれ、頬には4色の筋が浮かび、髪が逆立って先端から赤く変色し、手足の指が7本に増え、頭蓋骨がゆがんで額から光線を発するという怪物じみた姿です。

戦いの激情に身をゆだねると、力が増し、外見がこのように変化します。

アルスター王の懐刀「赤枝《あかえだ》の騎士団」

クー・フーリンは、「赤枝の騎士団」と呼ばれる騎士団のメンバーです。1部隊300人の部隊が3つあり、合計900人の精鋭が所属しています。

赤枝の騎士団は、アルスター王国の国王に仕える親衛隊です。団名の由来は、アルスター国王が住む館が「赤枝の館」と呼ばれていたことに由来します。

彼ら赤枝の騎士は、普段は狩りをしたり、武芸の腕を思い思いに磨いていますが、戦では先陣を切って勇敢に戦うのです。

ふむ、この「赤枝の騎士団」は、ワシの「円卓の騎士団」によく似ておるな。
……なに、円卓の騎士団を知らんとな？　それはいかん。167ページで簡単に説明しとるから、ちょっと寄り道して読んでくるとよいぞ。

群雄割拠!

アイルランド四國志

アルスター神話の舞台となった紀元前１世紀ごろのアイルランド島は、４つの勢力がうちたてた王国によって分割されていました。この地図の北東部にあるアルスター王国と、北西部のコナハト王国の戦いが、アルスター神話の題材なのです。

アイルランドの4王国+1

アルスター王国の最大のライバル。アリル王と女王メイヴ（➡ p66）が統治しており、アルスターから亡命した戦士を数多く受け入れました。

アルスター神話の主人公国家。物語時点では弱体化していますが、本来ならコナハト、レンスター、マンスターの３大国を同時に相手取ることが可能な軍事力を持っています。

アイルランドの宗教的聖地である「タラの丘」を擁する地域です。島で最大の実力者がこの地を手に入れ、全島の王と貴族をしたがえる「至高王（Ard-Rí)」となります。

国土面積は４カ国のなかでいちばん広いのですが、地形は険しい山岳・丘陵地であり、農地にできる面積が少ないため、面積のわりに国力は高くありません。

ミースをはさんでアルスター王国と対峙する、もうひとつのライバル国。フィアナ神話の主人公フィン・マックール（➡ p158）はこの国の出身です。

「４つの勢力」と言いながら、国が５つあるではないかと思うかもしれませんが……ミースは、アイルランドの統一王「至高王」の直轄領土という位置づけになっているので、「アイルランド４王国」のなかには含まないのが通例です。

アルスター神話には、クー・フーリンや神々、そしてディアドラ（➡p64）やコナハトのメイヴ女王（➡p66）、影の国のスカアハ（➡p70）が登場します。ほかにも以下のような王や英雄が活躍していますよ。

アルスター王国

狡猾さゆえに人望を失った王 コンホヴァル・マク・ネサ王

アルスター王。冷酷かつ独善的な人物で、自分の個人的な目的のために部下のプライドすら踏みにじり、多くの部下を離反させてしまいます。

名高き“勝利のコナル” コナル・ケルナッハ

赤枝の騎士団の騎士で、“勝利のコナル”という異名を持つ偉大な戦士。しかし呪いに侵されて戦闘能力を失ってしまいます。

コナハト王国・その他

尻に敷かれてなるものか アリル王

コナハトの正式な王で、妻メイヴの権勢欲に手を焼いています。彼女に牛を自慢することで、アルスターとの戦争の発端を作りました。

コナハト王国最強の騎士 フェルディア

かつてクー・フーリンとともに「影の国」でスカアハに師事した同門の親友。クー・フーリンとの戦いを拒否していましたが……。

誇り高き豪傑剣士 フェルグス・マク・ロイ

名剣カラドボルグをあやつる剣士。勝利のコナルと並ぶ赤枝の騎士団の二枚看板でしたが、王に誇りを傷つけられてコナハトに寝返りました。

憎まれ役の毒舌騎士 ドゥフタハ

赤枝の騎士団の騎士で、フェルグスと同じ理由でコナハトに寝返りました。フェルグスと違い、クー・フーリンに敵意を持っています。

父と子はたがいに顔も知らず コンラ

クー・フーリンが「影の国」での修業時代に、女戦士オイフェを倒して産ませた子供。成長後、正体を隠して赤枝の騎士団に戦いを挑みます。

妖精郷に住み着いた戦士 ネラ

短編『ネラの異界行』に登場するコナハトの戦士。妖精軍が味方の砦を壊滅させるのを防ぐため、地上と妖精界をまたにかけて冒険します。

味方の騎士たちが呪いで使い物にならんだけあって、
敵の人材がやたらと豊富に見えるのう。
さてはて、この強力な布陣を打ち破れるのか、お手並み拝見といこうではないか。

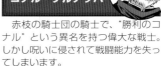

注目バトルレポート!

“クーリーの牛争い”の壮絶バトル!

『クーリーの牛争い』は、アルスター神話でもっとも重要な戦争の物語です。
アルスター神話の物語のほとんどは、英雄クー・フーリンの晴れ舞台となる、
この戦いの“お膳立て”に費やされているといっても過言ではありません。
クー・フーリンのたったひとりの戦いの一部始終を、ダイジェストで紹介します。

発端! 夫婦ゲンカが他国へ波及!

アルスター王国とコナハト王国の戦争の原因は、コナハト王家の夫婦喧嘩です。

農耕と牧畜で生計を立てるアイルランド人にとって最大の財産は「牛」でした。あるときコナハト王夫婦はおたがいの所有する財産を競い合い、王は「フィンドヴェナハ(白角)」というすばらしい雄牛を妻のメイヴ(➡p 66)に見せびらかしました。これに嫉妬したメイヴは、隣国アルスターで名牛と名高い「クーリーの赤牛」を奪ってアリル王の鼻を明かそうと、アルスター王国に戦争を挑んだのです。

開戦! クー・フーリン、たったひとりの防衛戦争

コナハト軍を迎え撃つべきアルスターの強力な軍隊は、完全に力を失っていました。実はアルスターの男たちは、かつて残虐な行為をしたために、「国がピンチになると気力体力ともに弱くなる」という呪いをかけられていたからです(➡p28)。

また、赤枝の騎士団からは、王の卑劣な作戦に荷担させられたことを恨み、英雄フェルグスや騎士ドゥフタハなど多くの騎士がコナハトに寝返っていました。

いまや戦うことができるのは、半神半人ゆえに呪いを打ち消すことができたクー・フーリンのみ。そこでクー・フーリンは、野営中の敵を飛び道具で闇討ちするなどのゲリラ戦法でコナハト軍に甚大な被害を強いて、増えすぎる戦死者に耐えられなくなったコナハト側と「毎日ひとりの戦士と一騎討ちをする。クー・フーリンが勝ったら、コナハト側はその場で進軍を止めて野営する」という協定を結ばせます。クー・フーリンはこの一騎討ちに勝ち続け、数ヶ月にわたってコナハト軍を足止めしたのです。

長い戦いのなかで、クー・フーリンは最大の友を失っています。修業時代の親友だったコナハトの騎士フェルディアは、クー・フーリンとの戦いを拒み続けていましたが、メイヴ女王に強制されて戦場に赴き、4日におよぶ死闘のすえ、クー・フーリンの必殺の魔槍ゲイ・ボルグの餌食となります。

こうしてクー・フーリンが時間を稼いでいるあいだに、アルスターの戦士たちは呪いをはねのけ復活。コナハト軍を押し返し、両軍は講和を結びました。

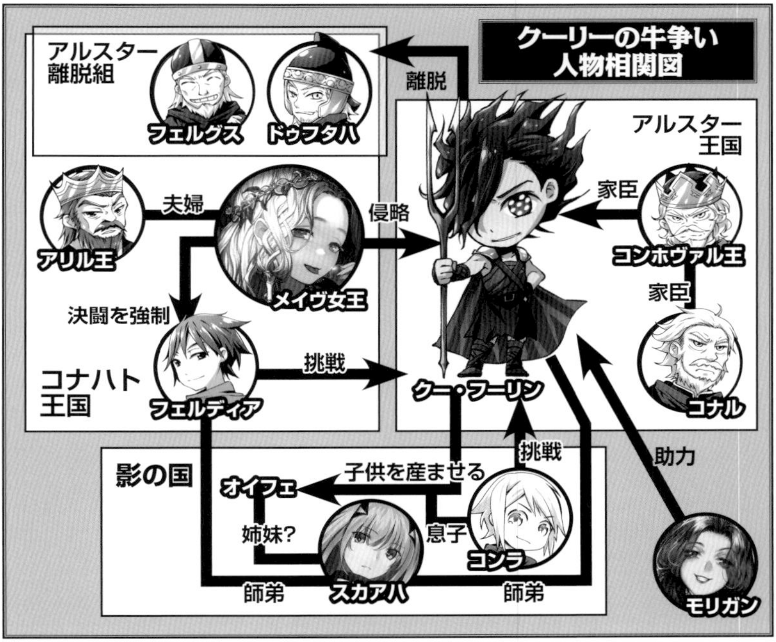

終戦　クー・フーリンの最期

クーリーの赤牛を奪い、アルスター王国と講和したメイヴ女王でしたが、戦争のなかでクー・フーリンに受けた屈辱は耐え難い大きさになっていました。また、アルスターの男たちを役立たずにする呪いは、一時的に効果を失っただけだとわかっていました。そこでメイヴ女王は、呪いが復活するときを待ち、クー・フーリンを抹殺するための万全の策を練って、再度戦争を挑みます。

クー・フーリンに破滅をもたらしたのは「ゲッシュ」（➡p48）という誓いです。ケルトの騎士たちはゲッシュという誓いを立てることがあり、誓いを破ると、その圧倒的な力を失ってしまうのです。

クー・フーリンは「犬の肉を食べない」というゲッシュを立てていました。彼は怪しい老婆に「目下の者からの歓待を断らない」というゲッシュを逆手に取られ、犬肉の串焼きを勧められたのです。ふたつのゲッシュの二律背反に追い込まれたクー・フーリンは、犬の肉を食べて体が麻痺してしまいます。その後もゲッシュで無力化したクー・フーリンは、敵に奪われたゲイ・ボルグで内臓をぶちまける致命傷を負って死を覚悟し、自分の体を岩に固定して、コナハト軍をにらみつけたまま息を引き取りました。

アイルランドの神話その③

フィアナ神話

フィアナ神話の舞台となるのは、
クー・フーリンが活躍したアルスター神話から約300年後のアイルランドです。
島の4勢力が戦いに明け暮れていたアルスター神話の時代とは違い、
フィアナ神話の時代は、島の統一王である「至高王（Ard-Rí）」が力を持ち、
直属の騎士団「フィアナ騎士団」をしたがえてアイルランド島を統治しています。
フィアナ神話は、この「フィアナ騎士団」の伝説的団長、
フィン・マックールを中心に描かれる物語です。

フィアナ神話の特徴

王様に仕える騎士が主人公のお話って、アルスター神話とそっくりですのね。
フィアナ神話ならではの特徴ってあるのかしら？

ええ、同じ騎士の物語でも、
アルスター神話とフィアナ神話にはかなり大きな違いがあります。
物語のテーマや雰囲気がまったく違うのです。

特徴① 戦いよりも愛憎と内紛

フィアナ神話の時代は、至高王が強い力を持っていた時代であるため、アイルランド島内の内戦があまり描かれません。むしろ騎士団内部での反目、恋愛と破局、異世界冒険譚などのテーマが盛んに描かれます。

特徴② パワーよりも知恵と工夫

フィアナ神話は騎士たちが主人公となる物語ですが、腕力で物事を解決するばかりではありません。特に主人公のフィンは知恵に優れた英雄であり、武勇だけでなく策略も駆使して障害を打ち破るのがフィアナ神話の物語の特徴です。

うむうむ、すばらしい。
騎士たるもの、やみくもに剣を振り回すだけでは一流とはいえぬ。知恵と分別、そして思いやりの心を身につけていなければな。

フィアナ騎士団とフィン・マックール

フィアナ神話の主人公は、アイルランドの至高王に仕える「フィアナ騎士団」の団員たちです。そのなかでも騎士団長の「フィン・マックール」に関する話がもっとも多いので、フィアナ神話はフィンの物語といっても過言ではありませんね。

フィアナ騎士団は、全アイルランドを統治する「至高王（Ard-Rí）」に仕える直属の精鋭騎士団です。フィアナとはゲール語で「兵士」を意味します。ちなみに彼らの正式名称は“騎士団”をつけない「フィアナ」であり、騎士団（Knights）と呼ぶのは後世の習慣です。

知勇兼備の騎士フィン・マックールが団長を務めています。騎士団のメンバーは、土地を相続できない貴族の次男三男で、至高王に絶対の忠誠を誓っています。

フィン・マックール

レンスター王国生まれの騎士で、本名はデムナ（意味は牡鹿）。金髪で肌の白い美形なので、ゲール語で「金髪」という意味のフィンと呼ばれる。マックールは「クール氏の息子」という意味。銀腕王ヌァザの血を引く知勇兼備の騎士である。

知恵ある勇者フィン・マックール

フィン・マックールは、狩人として、騎士としてすぐれた能力を持っているほか、戦闘には直結しないものの非常に便利な魔法的特殊能力を身につけています。

フィンはこの能力を駆使し、文武両道の指揮官として、3000人のフィアナ騎士団を統率。偉大な団長として内外の尊敬を集めていました。

フィン・マックールの特殊能力

- **親指をなめると知恵が湧く**
  困難な状況で自分の親指をなめると、状況を打開する知恵が湧いてきます。
- **癒しの水の生成**
  両手ですくった水を、病気や怪我を治療する癒しの水に変えることができます。

なるほど、癒しの力に知恵の力とな。
たしかに直接戦闘に役に立つというわけではないが、こいつはとてつもなく便利な特殊能力じゃのう。

ちなみに、「フィンが主役の神話だからフィアナ神話」という誤解がたまに見られます。フィアナはゲール語で「兵士」の意味ですから、「金髪」という意味のフィンとは直接関係がありません。注意してくださいね。

ドキュメント!

フィン・マックールの人生

フィアナ神話の物語は、フィアナ騎士団長フィン・マックールの一生を軸として、その周囲に団員たちを主人公とした物語が付属する形になっています。物語の軸となるフィン・マックールの人生を紹介しましょう。

幼少期! 知恵の騎士の誕生!

フィン・マックールは、フィアナ騎士団長「クール」の息子でしたが、親が部下の騎士隊長ゴルに殺されたため、身分を隠して幼少期を過ごします。

成人間近となったころ、フィンは弟子入りしていたドルイドのフィネガスから「知恵の鮭」という鮭の調理を任され、焼いていた鮭からはねた油で親指を火傷。思わずその指を口に含んでしまいます。知恵の鮭を食べた（油をなめた）ことにより、フィンは「親指をなめると知恵が湧く」「両手ですくった水が癒しの水になる」という力を手に入れたのです。

大出世! “炎の息のアレイン”との対決!

成人したフィンは、フィアナ騎士団の主君である至高王コルマック・マック・アートと面会して自分の出生を告白。近衛騎士の一員として採用されました。

このころ首都タラは「アレイン」という巨人に悩まされていました。アレインは魔法の竪琴で聞く者を眠らせてから、タラの街で悪事を働き、最後に炎の息で街を焼いて去っていきます。近衛騎士もフィアナ騎士も、魔法の竪琴で眠ってしまうため戦えないのです。

フィンは父の旧部下から「持ち主の眠気を吹き飛ばす」魔法の槍を借り受け、巨人アレインをたやすく討ち取ります。コルマック王はその褒美としてフィンの望みを聞き、フィンをフィアナ騎士団の団長に任命しました。その後フィンは、父を殺した前団長のゴルを許して部下に加え、騎士たちの至高

王への忠誠を徹底させ、厳しい新規採用基準を設けることで、フィアナ騎士団の最盛期を築きあげたといわれています。

晩年は…… 騎士ディルムッドとの決裂

公平で寛大、しかも有能な騎士団長として誰からも尊敬されたフィンですが、妻サイヴ（➡p44）が悪のドルイドに誘拐され、取り戻すことができなかったことから、その指導者としての冴えにかげりが見えはじめます。

フィンの息子オシーンは、父の元気を取り戻すため、絶世の美女である至高王の娘グラーニャをフィンの新しい妻に勧め、至高王とグラーニャも一度はこれに賛成。しかしグラーニャは、結婚直前の土壇場で、フィアナ騎士団の若き騎士ディルムッドに呪いをかけて、自分と強制的に駆け落ちさせてしまいます（➡p72）。

ディルムッドの追討に失敗したフィンは、ディルムッドと和睦してその罪を許しますが、グラーニャを奪われた恨みが消えたわけではありませんでした。後日、ディルムッドが狩猟中の事故で瀕死となったとき、フィンは川から水をすくって癒しの水にして飲ませようとしますが、恨みゆえの迷いか、フィンのところにたどり着く前に水をこぼしてしまい、ディルムッドは死亡します。一度は許したはずの騎士を見殺しにしたフィンに部下たちは失望し、その忠誠は徐々に薄れていきます。

晩年、フィンを信頼し重用してきた至高王コルマックが死亡すると、次の至高王ケアブリはフィンを恐れて冷遇し、騎士団は至高王派とフィン派に分裂。王に討伐の対象とされたフィンは残留した部下とともに戦いますが、多勢に無勢で戦死してしまいます。こうしてフィンの死とともに、フィアナ騎士団の栄光は終わりを告げたのでした。

もうひとつのフィアナ神話"詩人騎士"オシーンの人生

フィンさんの息子のオシーンさんは、フィンさんと妖精のあいだに生まれた子供なので「妖精騎士」という異名を持っています。オシーンさんは妖精界ティル・ナ・ノーグに住む女妖精のニアヴさんに一目惚れして結婚し、3年の新婚生活をティル・ナ・ノーグで過ごしますが、異界と地上では時間の流れが違います。異界で3年過ごすあいだに、地上では300年の月日が経っていたのです。現在アイルランドに伝わっている神話の数々は、このとき里帰りしたオシーンさんが伝えたものだ、という伝説が残っていますよ。

ウェールズ神話

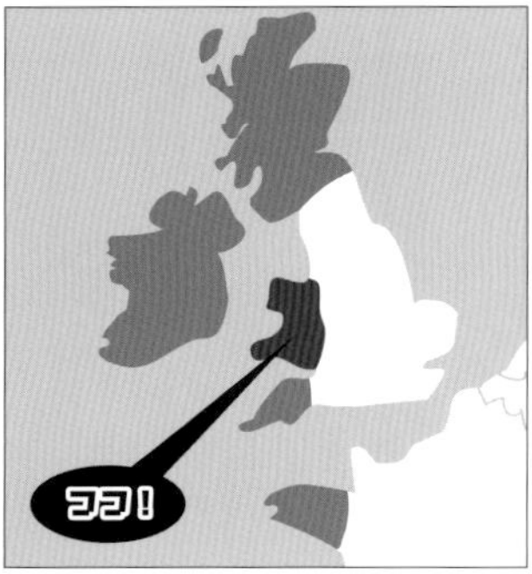

ウェールズとは、
現在のイギリスを構成する
4つの国のひとつ
「ウェールズ地方」とほぼ同じ地域です。
ブリテン島西部に飛び出した丘陵地帯で、
アイルランドに次いで
ケルト人の神話が多く
残っている地域ですよ。

神話の伝承者は「ブリトン人」

5世紀までのブリテン島は、ローマ帝国の文化を吸収したケルト人の一派「ブリトン人」のものでした。

ローマ帝国が衰退してブリテン島から撤退すると、有名な「ゲルマン人の大移動」により、ゲルマン人の一派である「アングル人」「サクソン人」などがブリテン島に侵入して、ブリテン島の南東部に彼らの王国を築きます。ブリトン人の有力者は西に逃れ、ウェールズ地方やコーンウォール地方にブリトン人の王国を築きます。

つまりウェールズは、ブリトン人が伝えていた、ブリテン島のケルト神話の正当な継承者なのです。

5世紀ごろのブリテン島

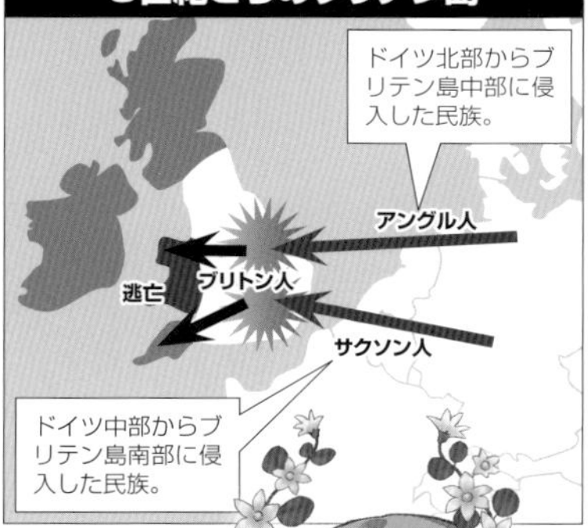

なるほど、
つまりウェールズ人の
文化は、
ケルト文化なのね。

神話の原典『マビノギオン』

ウェールズ神話を語るうえで、もっとも大事なのは『マビノギオン』という文献です。この本はウェールズ神話の最古の資料というわけではないのですが、その完成度の高さから非常に尊重されていますね。

『マビノギオン』は、イギリスのウェールズ語研究者シャーロット・ゲストが 1945 年に初版を発行した、ウェールズの神話を英語訳した物語集で、「ウェールズ神話」の存在をヨーロッパに広く知らしめました。この『マビノギオン』の原本となった 4 つの文献が、ウェールズ神話のもっとも重要な原典として扱われています。

マビノギオンのできるまで

ヘルゲストの赤書

1400 年ごろに成立。ウェールズ神話 11 編を収録。

レゼルッフの白書

1300 年ごろ成立。多くの神話を収録するが欠損が多い。

カーマーゼンの黒書

1250 年ごろに成立。もっとも古いウェールズ語文献のひとつ。

タリシエンの書

6 世紀に実在した詩人タリシエンの作品とされる詩を多数収録。

ひとつにまとめる

マビノギオン

19 世紀に成立した、ウェールズ神話の物語集。

左で紹介した 4 冊のウェールズ語神話文献から選ばれた、3 章で合計 11 編の物語を、訳者シャーロット・ゲストが英語に翻訳したものです。

- **第一章：マビノギ四枝**
- **第二章：カムリに伝わる四つの物語**
- **第三章：アルスルの宮廷の三つのロマンス**

次のページからは、この『マビノギオン』にどのような神話が収録されているのかを紹介していきますよ。

『マビノギ四枝』の4つの神話物語

さきほど説明したとおり『マビノギオン』には11の物語が入っています。
ですがそのなかで「神話」として特に重要なものは、
最初に登場する「マビノギ四枝」なのですよ。

第一枝 ダヴェドの大公プイス

『マビノギ四枝』の最初の物語である『ダヴェドの大公プイス』は、4つの物語を通して登場するプレデリという人物の出世にまつわる物語です（➡p86）。

美しき乙女リアンノンは、略奪婚によりダヴェドの大公プイスの妻となり子供（プレデリ）を産みました。ですが子供は怪物に連れ去られ、リアンノンは子供殺しと扱われ、領地を訪れた客を背負って運ぶという罰を受けます。子供が大公のもとに帰り、彼女の誤解が解けるまでが描かれます。

神話的な視点としては、物語の序盤で、プイス大公がアンヌウヴンという異界の支配者アラウンと領地交換を行う場面が描かれます。
ウェールズ神話の異界感を知ることができる貴重な場面ですね。

第二枝 スィールの娘ブランウエン

第二枝は、ブリテン王の妹であるブランウェンとアイルランド王の結婚と、戦争の物語です（➡p90）。

ブリテン王の弟がアイルランド王を侮辱し、それに怒ったアイルランド側が花嫁ブランウェンを虐待し始めたことから、ブリテン側はアイルランドに攻撃を開始しました。戦争はブリテン側が有利でしたが、アイルランドは「死者を復活させる大釜」で戦死者をよみがえらせて対抗します。最後はブリテン王が、命とひきかえに釜を破壊して勝利しました。

この戦争は「絶滅戦争」と呼んでもいいほど激しいもので、ブリテン側の生き残りは第一枝でも登場したプレデリを含むウェールズ人7人、アイルランド側は妊婦5人を残してすべて死に絶えてしまったといいます。

うむ、この『マビノギ四枝』の物語にはの、神と女神、死からの再生、呪い、魔法の宝物といった具合に、神話ならではの要素が詰まっておる。この話でウェールズ人の信仰のあり方の一端がわかるんじゃ。

第三枝 スィールの息子マナウィダン

第三枝の物語は、第二枝の戦争からプレデリと、マナウィダンという青年が生還し、マナウィダンが第一枝の物語に登場したリアンノンと結婚するところから始まります。プレデリとマナウィダンは狩りと商売をしながらブリテン島各地を渡り歩きますが、あるとき白い蛇に導かれて怪しい城に入ったプレデリは城の魔力に捕らえられ、それを救おうとしたリアンノンも巻き添えになりました。妻と友を救うため、マナウィダンの冒険が始まります。

この物語は、冒険中のマナウィダンの前で起こるさまざまなトラブルに対する対処を通して、当時のウェールズ人の生活習慣、刑法などの慣習を知ることができる、貴重な文化資料となっています。

第四枝 マソヌウイの息子マース

これまで物語の舞台になっていた「ダヴェド地方」は、ウェールズの南部にあります。第四枝ではところ変わって、ウェールズ北部のグウィネッズ地方が舞台になります。表題の「マソヌウイの息子マース」はグウィネッズ地方を統治する王です。

戦争中以外は自分の足を「乙女に支えさせなければいけない」という奇妙な弱点を持つマース王を軸に、アリアンロッド（➡p82）とプロダイウェズ（➡88）というふたりのヒロインと、その子供が対立します。

物語の本筋とはあまり関係がないのですが、物語の中盤で、第一枝で生まれたプレデリがマース王との戦いで戦死しています。物語の脇役として四枝の物語に登場し続けたプレデリさん、いったい何者なんでしょうかね？

ねえブリギッド先生？　ひとつ聞きたいのですけれど。
このお話「マビノギ四枝」というらしいけど……。
そもそも「マビノギ」とは何なのかしら？

「マビノギ」の意味は、正確にはわかっていません。おそらくウェールズ語で少年という意味がある "mab" に関係しているのは間違いないのですが。
ちなみにこれが題名になった由来は、各物語の締めの部分にあります。

締めの部分ー？（ぱらぱら）
あれ、ほんとだー。ほらほらターにゃん、どのお話も「マビノギのこの枝はここでおしまい」っていう言葉で終わってるよー。

なるほど、これが題名の由来なのですか。
そういえば極東の日本という国にも、「どっとはらい」や「めでたしめでたし」なんていう、物語の最後に置くおきまりの表現があると聞いたことがあります。

ウェールズ神話とアルスル王伝説

前のページで紹介したとおり、『マビノギオン』には 11 編の物語が収録されていまして、そのうち 4 話の『マビノギ四枝』の物語がもっとも神話的な内容です。それ以外の特徴としては、「アルスル王」という方とその関係者が盛んに登場します。

アルスル王？
聞いたことのない名前ですわね。

お嬢様、アルスルはウェールズ読みでございますわ。
英語読みにすると「アーサー」、ええ、アーサー王様のことですね。

ん、ディーナちゃん、ワシを呼んだか？
……そうか、そういえばウェールズのあたりもワシの国のナワバリじゃったし、ここにワシ関連の物語が残っていても何の不思議もないのう。

そもそも「アーサー王」って何者？

アーサー王は、イギリスを中心にヨーロッパ全土で知られる騎士物語『アーサー王伝説』の主人公です。アーサー王はブリテン島を統一した偉大な王であり、「円卓の騎士」と呼ばれる優秀な騎士たちを部下にしています。

アーサー王伝説は、ブリテン島の歴史や多くの伝承を混ぜて作られています。ウェールズの「アルスル王」は、アーサー王伝説の材料になった物語のひとつです。

アーサー王

ブリテンの王。少年時代に「岩に刺さった剣」を引き抜いたことで王として認められ、ブリテン島を占領していたローマ帝国を撃退して、強大な王国を築きあげました。

ふむ、どうやらウェールズには、
ワシの伝説の原型になった物語が
伝わっておるようじゃな。

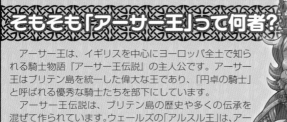

『マビノギオン』には、ブリテンの王アルスルを題材にした物語が、合計で４つ収録されています。アーサー王伝説の原型となったこれらの物語が、それぞれどのような内容なのかを紹介いたしましょう。

マビノギオンのアルスル伝説①
キルッフとオルウェン

『キルッフとオルウェン』は、アーサー王の従兄弟である騎士キルッフを主人公にした嫁取り物語です。

母の死後、父と再婚した継母に嫌われたキルッフは、継母から「オルウェンという女性を狂おしく求める」呪いをかけられてしまいます。厄介なことにこのオルウェンは、人間を毛嫌いしている巨人族の娘なのです。

『キルッフとオルウェン』に登場する アーサー王伝説関連アイテム、人物

・名剣カレトヴルッフ（エクスカリバー）
・執事カイ（ケイ卿）
・隻腕騎士ペッドヴィル（ペディヴィア卿）
・甥グワルフマイ（ガウェイン卿）
・王妃グウェンホヴァル（グィネヴィア）
※カッコ内はアーサー王伝説での名前

キルッフはアルスル王の助けを受け、巨人が繰り出す無理難題をクリアして、オルウェンを妻に迎えたといいます。

おお、なじみのある名前ばかりではないか。
「わが伝説の原型」だというから、どのくらい原型なのか気になっておったが、すでにずいぶんとワシの周囲の設定が固められておったようだな。

マビノギオンのアルスル伝説②
アルスルの宮廷の三つのロマンス

『マビノギオン』の最後に登場する３編の物語は、アルスル王の宮廷を舞台にした、騎士と貴婦人の恋愛物語です。『マビノギ四枝』や『カリムに伝わる４つの物語』に比べて、中世ヨーロッパの騎士物語に近い、洗練された恋物語が描かれています。

物語の主人公は、後世の『アーサー王伝説』でも重要な立ち位置を占める騎士たちです。のちの伝承にも、この話を改編したものが収録されています。

「宮廷ロマンス」3編の題と内容

ウリエンの息子オウァインの物語、あるいは泉の貴婦人

アーサー王の騎士であり、異世界で泉の精霊と結婚したオウァインが、重大な失敗で離婚され、ふたたびよりを戻す物語です。

エヴラウグの息子ペレドゥルの物語

ペレドゥルとは円卓の騎士パーシバルのこと。彼が「黄金の手のアンガラット」という乙女の愛を得るために冒険します。

エルビンの息子ゲライントの物語

アルスル王の騎士ゲライントが、妻の不貞を疑いながら旅をし、実は貞淑であった妻に助けられる物語です。

『アーサー王伝説』ができるまで

ふむ、どうやらこのワシ、アーサー王の伝説は、ブリテン島のケルト人の伝説として生まれたようじゃ。どのように伝説ができあがったのか、気になるところじゃのう。

アーサー王伝説とは、王の血を引く少年騎士アーサーが、ブリテン島の王となって外敵を倒し、腹心「円卓の騎士団」とともに王国を統治するという筋の物語です。

160 ページで紹介したとおり、5 世紀ごろのブリテン島にはアングル人、サクソン人という外国人が侵入し、ブリトン人は彼らと何度も戦争を行っていました。この戦いをテーマに、ブリテン島の王アルスルというキャラクターが生まれ、これが発展して現在のアーサー王伝説が成立したと考えられています。

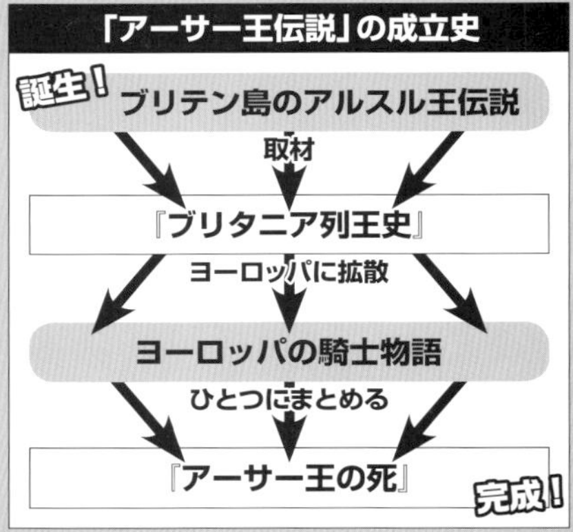

偽歴史書から、騎士物語の人気テーマへ

アルスル王の伝説は、ウェールズを中心に語り継がれていました。これをはじめて書物で大きく取り扱ったのが、1136 年ごろに書かれたジェフリー・オブ・モンマスの『ブリタニア列王史』という偽歴史書です。

この本がヨーロッパ西部の各地で読まれるようになると、アーサー王は騎士物語の題材として人気となり、ヨーロッパ各地の騎士物語の主人公に「アーサー王の家臣」という設定がつけくわえられていきました。

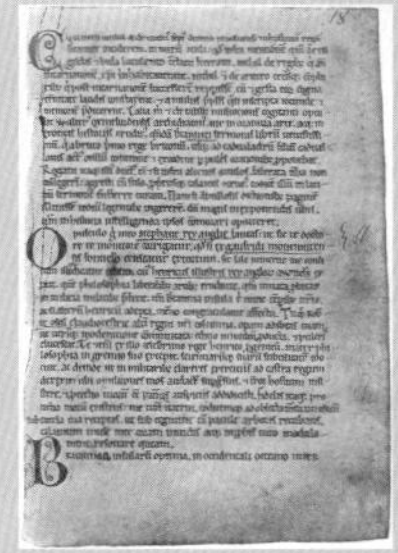

『ブリタニア列王史』の12世紀の写本。

伝説の集大成『アーサー王の死』

『ブリタニア列王史』から 300 年後、ヨーロッパ各地で生まれたアーサー王とその騎士たちの伝説を、ひとつにまとめた物語が製作されました。1485 年、ウェールズ人騎士トマス・マロリーの作品『アーサー王の死』です。

この作品は、アーサー王誕生から死までの物語を軸に置き、そこに王の家臣「円卓の騎士」たちが主役を飾る物語を付け加える形で書かれています。

円卓と聖剣はどこから来たか？

ワシの伝説を彩るキーワードといえば、聖剣エクスカリバーと、「円卓の騎士」という自慢の部下たちじゃ。しかし「円卓」も「エクスカリバー」も、いったいどこから始まったんじゃったかな？

円卓：伝説から現実世界に広まった

ヨーロッパでは、王と部下がテーブルにつく場合は細長いテーブルを使い、身分が高い者を王の近くに座らせるのが常でした。しかしアーサー王は、テーブルを円形にすることで（右写真）、部下たちが身分差を気にせず発言できるようにしたといいます。

円卓についての記述は、『ブリタニア列王史』の20年後の作品『ブリュ物語』ではじめて見られます。それ以前に現実世界で円卓が使われていたという明確な記述はなく、むしろアーサー王伝説の円卓を参考に、着席者の平等を示すアイテムとして現実世界に導入されています。

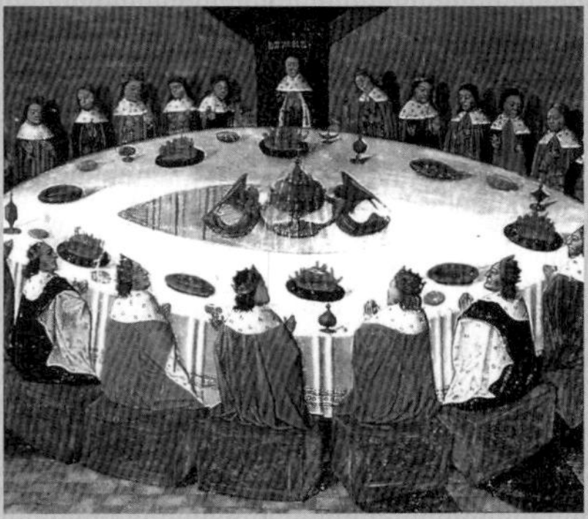

1470年に書かれた、アーサー王と円卓の騎士ランスロットの物語の写本より、円卓に集うアーサー王と騎士たち。中央奥の人物がアーサー王である。フランス国立図書館蔵。

アーサー王の聖剣「エクスカリバー」

アーサー王の愛剣は「エクスカリバー」と呼ばれています。

『アーサー王の死』では、エクスカリバーと呼ばれる剣が2本あります。1本目は、岩に刺さった剣をアーサーが引き抜くことで王と認められたときの剣で、この剣が戦いのなかで壊れたあと、泉の妖精から2本目のエクスカリバーを授かっています。

1本目のエクスカリバーが持っている複数の特殊能力や、2本目のエクスカリバーの特徴は、それまで散在していた各種のアーサー王伝説に登場したアーサー王の剣の特徴を、一本の剣に集約させたものです。

第1のエクスカリバー

- 岩に刺さっている
- 引き抜いた者がブリテンの王になる
- 戦場で抜くと、閃光で敵の目をくらませる

第2のエクスカリバー

- 妖精の島で作られた名剣
- 鞘を持つ者は不死身になる
- 物語の最後で泉に投げ込まれる

つまり『アーサー王の死』がアーサー王伝説の集大成であるように、聖剣エクスカリバーも、それまでのアーサー王伝説に登場した剣の集大成なのです。

コーンウォール・ブルターニュの神話

コーンウォール地方は、
ブリテン島の南西の端、
異民族に圧迫されたケルト系民族
「ブリトン人」が移り住み、
ケルト文化を伝えた地です。
そしてブルターニュ地方は、
コーンウォールから移住した
ブリトン人が住み着いた場所で、
大陸にありながら
「島のケルト」の文化を
伝えているのですよ。

コーンウォール:アーサー王伝説の聖地

前のページではワシの原型、アルスル王の話が紹介されておったが、実はワシとアルスル王の出身地はこのコーンウォールなんじゃ。ワシを「コーンウォールの猪」と呼ぶ者もいたほどでな。ここにはワシに関する史跡がいくつも残っておるぞ。

ティンタジェル城

12世紀建築の新しい城ながら、アーサー王生誕の地とされていた城。現在は水没しています。

グラストンベリー

致命傷を負ったアーサー王が向かった異界「アヴァロン」の、有力な候補地のひとつです。

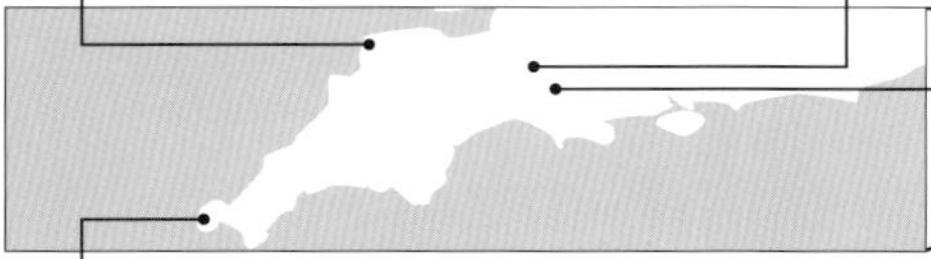

ランズエンド岬

ブリテン島最西端の地。異界「アヴァロン」は、この岬の先にあるともいいます。

キャドベリー城

ブリトン人が外敵と戦った5世紀の建築。アーサー王の「キャメロット城」だとされています。

ブルターニュの伝説都市“イス”

ブルターニュ半島は、フランスのなかでもっとも西にある土地です。ですからフランスの人々は、ここを世界の「西の果て」だと考えていたのだそうですよ。
どの国でも「最果ての地」には、神秘的な物語がつきものですね。

ブルターニュ半島西端「ラ岬」の沖に「イス（Ys）」という都市が沈んだという伝説があります。

イスは船からの略奪で富を得る海賊都市で、人々は享楽におぼれていました。ですが悪魔に誘惑された領主が、都市を洪水から守る水門を開いてしまい、イスは水没して滅んだのです。伝説によれば、イスは今でも昔と変わらぬ姿で海底に眠っているといいます。

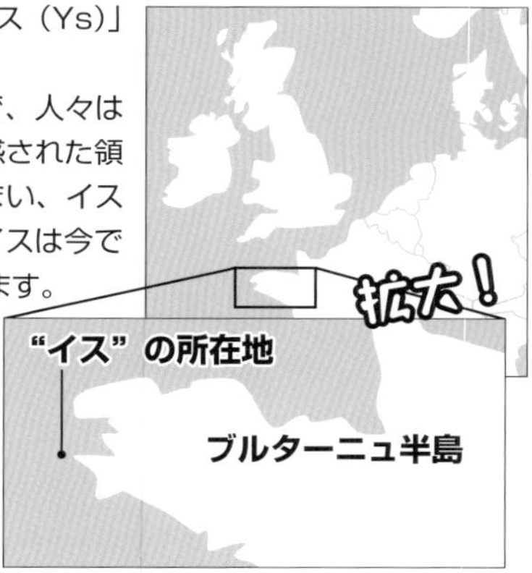

余談ですが、このイス伝承は、日本ファルコムのコンピュータ RPG「イース」の元になった伝承なのですよ。

ブルターニュの死を運ぶ神“アンクウ”

ブルターニュ地方にいまも残る民話には「アンクウ」という超自然的存在が登場します。このアンクウは、鎌を持った骸骨、または長い白髪とやつれた体の長身男性の姿で人間の前にあらわれます。

アンクウの正体は、昨年いちばん最後に死亡した人の霊魂です。アンクウとなった霊魂は、これから死ぬべき人の霊魂を集める役目を与えられており、死ぬ予定の人が住む家のドアをノックして、死の運命を知らせる、まさに「死神」の原型です。

ブルターニュでは、アンクウは多くの民話に登場する非常にメジャーな存在なのですが……そのルーツは、島のケルト神話の流れをくむとも、16 世紀から始まったキリスト教の改革運動のなかで生まれたとも言われ、どちらが正しいのかはっきりしないのです。

ブルターニュ北部、プルミリオー地方のサン・ミリオー教会にあるアンクウ像。

大陸のケルト神話の生き証人『ガリア戦記』を追う!

ねえブリギッド先生。
105 ページで、「大陸のケルトの神話は、ローマ人の記録にしか残っていない」って言っていたわよね。
なんでローマ人がケルトの神話を知ってるわけ?

ヨーロッパに民族は数有れど、ローマ人よりも「筆まめ」な民族は珍しいんです。特にローマの貴族は、自分の業績をアピールするために日記や活動記録を残す人が多かったのです。その典型的な実例が『ガリア戦記』という記録です。

『ガリア戦記』の著者“カエサル”

大陸のケルトの貴重な記録として知られる『ガリア戦記』の著者は、古代ローマの独裁者として知られる「ガイウス・ユリウス・カエサル」です。カエサルは民主主義で運営されていた古代ローマを独裁国家に作り替え、のちの欧州最強国家「ローマ帝国」の基礎を作った人物として知られています。

ガイウス・ユリウス・カエサル

紀元前 102 年生まれ。英語読みのジュリアス・シーザーの名でも知られる軍人にして政治家、文筆家。借金王、プレイボーイとしても有名でしたが、それを補ってあまりあるほどの魅力と才能がありました。

ねえディーナ、わたしこの方を知っていますわ!
「ブルータス、おまえもか」で暗殺された人でしょう!?

ええ、そのとおりですお嬢様。
ほかにも「来た、見た、勝った」「サイは投げられた」というのもカエサルさんの有名なセリフですね。ヨーロッパを代表する偉人のひとりでございます。

本国への報告のためにまとめられた記録

　カエサルは 40 代のころ、ケルト人が住むガリア地方（現在のフランス）を攻略する総指揮官に任命され、ガリア全土を攻略しました。『ガリア戦記』は、カエサルの 7 年間にわたるガリア遠征の経過をローマ本国に報告するために書かれた記録書です。

『ガリア戦記』は政治的な報告書でありながら名文として評価されました。またケルト人の文化習俗についてもくわしく記述し、ケルトの神々の詳細な記録もあります。

　ちなみに「ケルト」という名前も、この『ガリア戦記』に書かれていた彼らの自称「ケルタエ」か、紀元前 5 世紀のギリシャ人学者が記録した民族名「ケルトイ」に由来するもので、その名前は他民族の記録のおかげで現代まで残ったといえます。

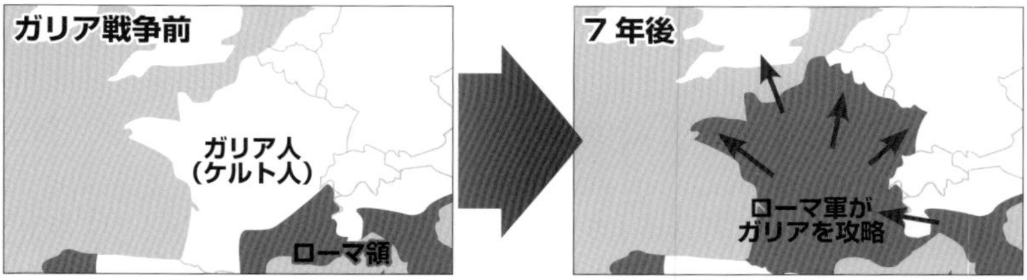

たしか 2000 年前のヨーロッパ本土は、一面に木が生えた森のような土地だったはずじゃな？　軍隊をうまく扱いにくい広大な森を、たった 7 年で征服するとは、このカエサルという男、ただものではないのう。

カエサルは戦争だけでなく、敵を取り込むのも上手かったようですね。ガリア人を味方につけたカエサルを恐れた古代ローマは、カエサルと軍隊を切り離そうとします。これに反発したカエサルは反乱を起こし、ローマの独裁権を手に入れたのです。

「大陸のケルト」の神の解説に、ローマの神々が登場するわけ

『ガリア戦記』では、ガリア人の信仰を解説するとき、「メルクリウス」「ディアナ」など、なぜかケルトとはまったく関係がないはずのローマ神話の神が登場します。

　これはカエサルが、ケルト人の信仰をわかりやすく説明するための工夫です。ローマ以外の神々を知らない人々にとって、「○○族は月と狩猟の女神を信仰している」と言われるより、似た特徴を持つ神の名前を出して、「○○族はディアナを信仰している」と言ったほうが、わかりやすかったのです。

ケルト人の文化と歴史

ケルト神話は本当にいろいろな種類がありますのね。
あちこちでオリジナルの神話を作ったケルト人って、いったいどんな者たちだったのかしら？

5つの「ケルト地域」ができるまで

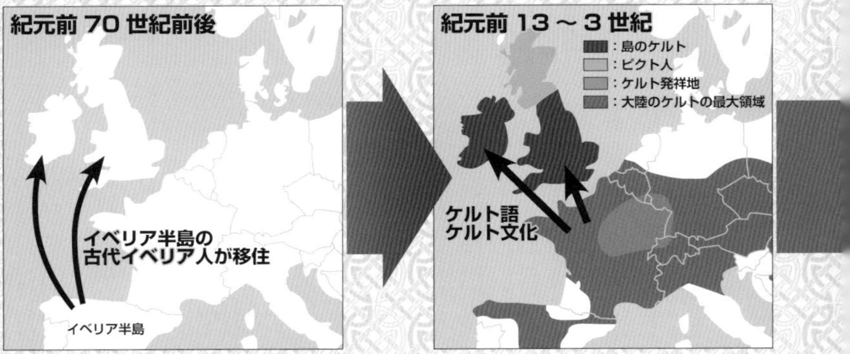

ブリテン諸島に人類が移住

紀元前70世紀ごろ、イベリア半島（現在のスペイン）に住んでいた「古代イベリア人」が移住し、巨石文明（➡ p60）を担ったピクト人など島の先住民となります。

ケルト民族が発生、拡散

フランス東部で発生した「ケルト民族」が拡散。ですがブリテン諸島にはケルト人の大規模な移動は起きず、言語とドルイドなどのケルト文化だけが伝わりました。

念のため補足しておきますが、ここで言うケルト地域とは、アイルランド、スコットランド、ウェールズ、コーンウォール、ブルターニュの、現代でもケルトの文化を色濃く残している地域のことですよ。

「大陸のケルト」と「島のケルト」についての新発見

西暦2000年ごろまで、ブリテン島やアイルランド島に住んでいた「島のケルト」は、ヨーロッパ大陸で生まれた「大陸のケルト」が、海を渡ってブリテン島などに大量移住し、先住民と混血した民族だと考えられていました。

ですが2000年ごろに行われたDNA調査の結果、島のケルトと大陸のケルトには混血した形跡がないことが判明したのです。これまでのケルト文化研究は、大陸のケルトと島のケルトが同じ祖先を持つ民族だという前提で行われてきました。この前提が崩れたことで、これからあらゆる部分に見直しが進むことでしょう。今後のケルト研究の進展が楽しみですね。

アイルランドやウェールズなど、ケルト人の住む地域ができるまでの流れを紹介します。

カトリック支配の強化

欧州本土でキリスト教カトリック教会の布教活動が活発化し、ケルト的信仰が弱体化。一方ブリテン諸島は「ケルト系キリスト教」がケルト文化を保護しました。

異民族の流入

ブリテン島南部に大陸から異民族が流入し、ケルト系民族ブリトン人の有力者層は島の西方に追いやられ、一部はさらに欧州本土のブルターニュに移住しました。

ふむ、つまりヨーロッパはもともとケルト文化の広がる土地だったが、あとからやってきたゲルマン人だのキリスト教だのがケルトの文化を消してしまったせいで、一部にしかケルト文化が残っておらんというわけだな。

ケルト人の文化と歴史

ドルイドとケルト信仰

ケルト人の文化は、ケルトの知識階級である「ドルイド」によって伝承されていました。つまりドルイドについてくわしく知れば、ケルト人の信仰のありかたがわかるというわけです。

ドルイドは神々との交信役

ドルイドとはケルト人の言葉で「楢《ナラ》の木の賢者」もしくは「大いなる知恵を持つ者」という意味があります。彼らはケルト人の宗教儀式を主催する神官であり、政治、文化、法律の担い手です。

彼らは樹木を崇拝しており、樹木を使った儀式によって神々と交信し、一族を導きました。『ガリア戦記』第6巻13頁によれば、ドルイドの本拠地はブリテン島にあります。部族の優秀な若者は、ブリテン島に留学してドルイドの秘技を身につけたあと、部族に帰ってくるのです。

ドルイドの地位と発言力

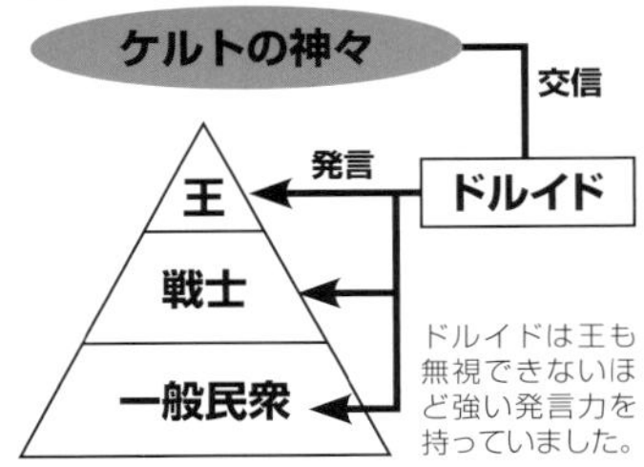

ドルイドは王も無視できないほど強い発言力を持っていました。

特権階級としてのドルイド

ケルト人は、「オガム文字」(➡p176) という単純な文字を除いて、本格的な文字を持たない民族でした。そのため知識の伝承は口伝に頼っており、部族の掟や神話を大量に暗記しているドルイドは、王と並んで部族全体から頼られ、多くの特権を有していました。

ドルイドの特権の一例

税金の免除　　従軍の免除
特定人物の宗教行事からの排除（破門）

楢《ナラ》の木とヤドリギへのこだわり

ドルイドたちは樹木を神聖視していましたが、どの樹木を特別視するかは地域ごとに違いがありました。まずは大陸のドルイド、次にアイルランドのドルイドのこだわりを見てみましょう。

ローマの著述家たちの記録によれば、ガリア地方（現在のフランス）のドルイドたちは、寄生樹として有名な「ヤドリギ」のなかでも、特に「オーク」という木に寄生したヤドリギを神聖視していました。ドルイドたちは特別な方法でヤドリギの枝と実を採取すると、動物を多産にしたり、毒を中和する薬の材料に利用したといいます。

日本では、この「オーク」はしばしば「樫《カシ》の木」だと誤解されますが、「楢《ナラ》の木」が正しいので注意が必要です。

ナラの木は冬に葉が落ちる落葉樹、カシの木は冬でも葉が落ちない常緑樹です。

ヤドリギは冬でも葉を茂らせるので、冬に寄生樹の葉が落ちるとこのように目立ちます。

アイルランドではイチイ、ハシバミ、ナナカマド

楢の木とヤドリギにこだわる大陸のケルトと違い、アイルランドのドルイドたちは楢の木を特別視しません。

彼らアイルランドのドルイドたちが重視するのは、幹が弓の材料になり、種子から毒が手に入る「イチイ」、滋養のある果実と邪悪からの保護を提供する「ナナカマド」、そしてケルト人の重要な食料だったヘーゼルナッツを実らせる木「ハシバミ」です。

ナナカマドは、赤くて小さい球形の実を無数に実らせます。果実には天然の保存料が含まれ、ジャムにすると長期保存が可能です。

ローマ帝国とキリスト教に駆逐されたドルイド教

知識の独占によってケルト人社会に確固たる地位を築いていたドルイドたちの権力を崩したのは、ガリア地方を支配したローマ帝国と、外来の宗教であるキリスト教です。

ガリアでは、ローマ帝国がドルイドを禁止する法律を作って勢力を削ぎました。ブリテン諸島では、９世紀ごろからキリスト教カトリック教会の布教により、ドルイドの力が弱体化しました。

もともとドルイドの権力の源泉は「知識の独占」でした。しかし文字によって知識を伝承するローマ帝国やキリスト教の参入により、ドルイドの知識独占が崩されたのです。

ケルト人の文字と言語の特殊性

お待たせしましたね、アーサーさん。
何やら困りごとがあるとのことですが、どうかしましたか？

ああ、いろいろと古い文献やら最新の本やら見せてくれるのはありがたいのじゃがな、
人の名前や土地の名前が本ごとに一定せんのはなんとかならんか？
どれが同じでどれが別人なのか、いちいち考えて頭が痛くなってきたわい。

英雄クー・フーリンの日本語訳名の一例

クー・フーリン	ク・ホリン	キュクレイン
クー・フラン	クー・ハラン	クフーリン
クー・フリン	クー・クラン	ク・フーリン

ええっ、これが、ぜんぶ同じ人間の名前だといいますの!?
どう見ても別の名前ではありませんか。

実は、そこにある名前は全部正しいのです……アイルランド人が話す「ゲール語」には、
「共通語」が設定されていません。
すべてが方言の集合体で、発音も綴りもまったく一定しないのです。

理由その1　文字の使い勝手が悪い

174ページで紹介したとおり、ケルト人は神話や知識の伝承に文字を使いませんでした。

5世紀ごろのケルト人は「オガム文字」と呼ばれる文字を持っていましたが、この文字は岩に刻むためのきわめて単純な文字で、神話を書き記せるほど使いやすいものではありませんでした。

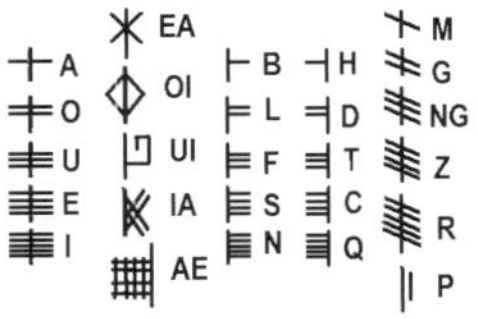

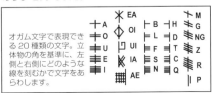

オガム文字で表現できる20種類の文字。立体物の角を基準に、左側と右側にどのような線を刻むかで文字をあらわします。

アイルランド島南西端、ケリー州のラタス教会にある、オガム文字の刻まれた石。四角柱の角の部分を利用してオガム文字が刻まれています。

理由その2　発音パターンが2種類ある

のちにケルト人は、ローマ人が運んできたラテン語のアルファベットを受け入れ、自分たちのケルト諸語をアルファベットで書き記すようになりました。

この「ケルト諸語」というのが、翻訳の足かせとなります。なぜなら“諸”とあるように、ケルト人の言語は地域や時代ごとに違いが大きく、また、正しい発音法則がわかっていないからです。

現在わかっているのは、現代ケルト人の言語は、古い言葉で "kw" と書かれていたものをそのまま "q" と読む「Q ケルト語」と、kw が "p" という発音に変化した「P ケルト語」の 2 種類に分かれることです。

欧州に残るケルト系言語

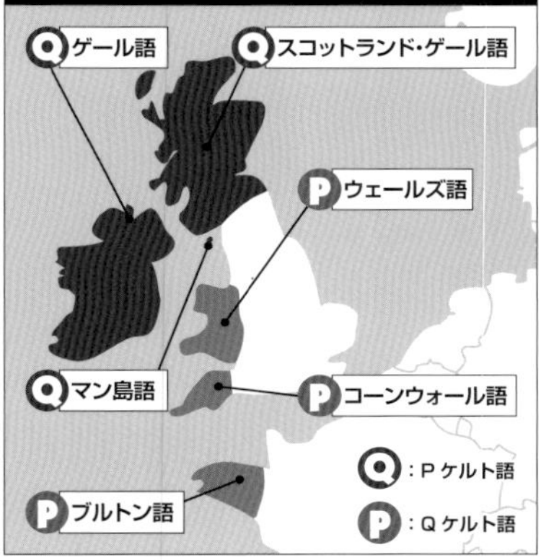

理由その3　単語のつづりが自在に変わる

ケルト人の神話は、ドルイドたちに詩として語り継がれてきたものです。詩とは歌であり、リズム感や「韻《いん》を踏む（同じような音を繰り返す）」ことが重要です。ドルイドたちは物語の「韻やリズム」をよくするため何の前触れもなく、前後の流れにあわせて、固有名詞の発音を変化させてしまうことがあるのです。

ウェールズ語の発音の変化の一例

Avalon　アヴァロン

↓

Awarnach　アワルナッハ

1200 年ごろの詩集『カイルヴァルジンの黒書』に、「アワルナッハで、アグラッハが頭を割られた」という一節があります。このアワルナッハは、ウェールズ神話の異界アヴァロンを、「アグラッハ」という女性名と韻を合わせるために言い換えた可能性があります。

なるほど……当時の発音がわからんうえに、詩人がノリで音を変えよるのか。
たしかにこれは一筋縄ではいかんのう。

今後、ケルト諸語の研究が進むにつれて、神々や英雄の名前の「本来の発音」が判明して、これまでの常識がくつがえることがあるかもしれませんね。

現代に残ったケルト文化

9 世紀ごろ、ケルト文化を保護していたケルト系キリスト教が途絶えたことで、公的にケルト文化を伝承する仕組みはなくなってしまいました。ですがケルトの文化は人々の生活のなかで生き続け、現代でもこのように伝承されているのですよ。

妖精という文化

102 ページと 148 ページで説明したとおり、イギリスやアイルランドで広く知られる「妖精」とは、ケルト神話の神々が力を失って、姿を変質させたものだと考えられています。

なお、「手のひらサイズの身長に、昆虫の羽が生えている」という現代の妖精のイメージは、20 世紀以降に確立したものです。1916 年に、捏造された「妖精を撮影した写真」として出回った写真が、小柄で昆虫羽のある姿だったことからこの姿が広まりました。

「コティングリー妖精事件」で撮影された写真。本来の伝承に登場する妖精は、もっとバリエーション豊かな姿を持っています。

ヨーロッパの祭事

ヨーロッパやアメリカで有名なハロウィンというお祭りは、ケルト人の新年祭「サウィン祭」が何千年ものあいだ受け継がれているもので、キリスト教の祭りではありません。

キリスト教はサウィン祭の日を「諸聖人の日」という祭日に設定していますが、これは異教の影響力を削ぐために作られた祭日だという説が濃厚です。

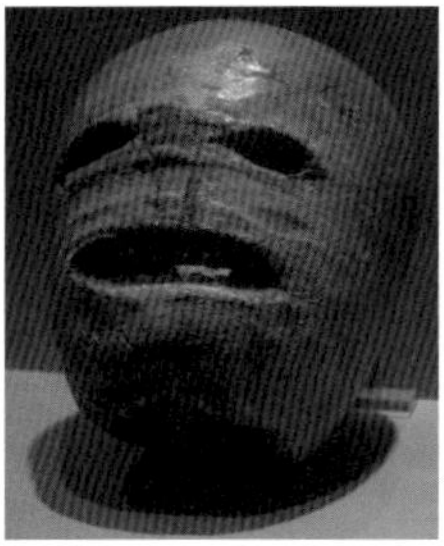

ハロウィンで飾られるカボチャのランタンはアメリカ流。本場ヨーロッパでは、このように巨大なカブをくりぬいてランタンを作ります。

ほかにも、サッカーの中村俊輔選手が所属していたスコットランドの「セルティック FC（ケルト人という意味）」は、アイルランド出身のケルト系移民が作ったチームですし、「エンヤ」という歌手の方は音楽も服装もケルト風です。

エンヤ、エンヤ……ああ、きのうディーナが流していた音楽ですわね。
そういえば「ケルツ」とか「エポナ」という題名の曲がありましたわね。
なんだ、ケルトの文化もまだまだ現代に残っているではありませんか。

ティターニア＆マブの信仰心獲得レース、決着！

お嬢様、マブ様、準備が整いました。
おふたりがどれだけの信者を集めたか、集計結果がでるそうですよ。

いよいよですね。マブ、どちらが勝っても恨みっこなしですわよ？

おっけー！

さぁ！
より多くの信者の
心を掴んだのは！
ティターニア
ティターニアさんか！
それともマブさんか！

169 対 169……同点、決着つかず、ですわね……。
でも、これは「おなじくらいの信仰を集めた」ということですわよね？
仕方ありません。それならマブ、仲良く一緒に神様になりましょうか。

（データを照らし合わせて）ええ、そうですね。このペースで信仰を集めていけば、ふたりも神様になれるでしょう。あと 660 年くらいで。

660 年～！？　そんなにかかるのー！

あったりまえじゃ。
そのくらいのファンの人数で神になれるのなら、ワシなんぞもう余裕で 100 回は神になっておるわい。

やだー！　そんなに待ったら
おばあちゃん女神になっちゃうよ（わ）ー！

萌える！ケルト神話の女神事典　これにておしまい！

イラストレーター紹介

この本に素敵な女神の
イラストを描いてくれた、
47 人のイラストレーターの皆様を、
わたくしからご紹介
させていただきます。

アカバネ

表紙

今回は表紙で『モリガン』を描かせて戴きました。萌える！シリーズ過去最少の胸の様でいつもの表紙の胸のサイズに慣れてる方にはものたりない胸になってしまったかもしれません（笑）私なりのモリガンの残虐性と豊饒感が伝わっていれば幸いです。

zebrasmise
http://www.zebrasmise.com/#!mypage/c1x9v

C-SHOW《ししょう》

巻頭、巻末コミック
案内キャラクター、
カットイラスト

巻頭＆巻末のコミックを担当しました。ナビキャラの妖精さんたちは久々の登場になりますが、今回コミックで描かせていただき、嬉しい反面、懐かしいやら気恥ずかしいやら。……ところでこの後、ふたりは神様になれたのでしょうか？　気になります！

おたべや
http://www.otabeya.com/

皐月《さつき》メイ

扉カット

女の子のキャラクターをデザインする時いつも自分の思う可愛いを詰め込んでいるのですが、皆さんの目にはどう映っているでしょうか？少しでも可愛いと思えるキャラクターになっていたら嬉しく思います。

pixiv ページ
http://www.pixiv.net/member.php?id=381843

南来《みなき》えみ

ダヌ(p21)

はじめまして、「ダヌ」を担当させていただきました南来えみと申します。ケルトっぽい（？）要素を取り入れながらデザインするのが楽しかったです！本書を彩る 1 ページとなりましたら幸いです。ありがとうございました！

みつぼし茶屋
http://mitsuboshichaya.blog.fc2.com/

田島幸枝《たじまゆきえ》

モリガン(p27)

戦争の女神ということで荒々しい戦場の真っ只中にいる禍々しいけど美しい女神様を意識して描かせていただきました。彼女に目をつけられて誘惑に乗った戦士は援助を受けられるそうですね…。なんて素晴らしい女神様…！

norari

http://norari.jp/

河内《かわち》やまと

マッハ(p29)

今回マッハを描かせていただきました河内やまとと申します。ケルトということで紋様描こうと色々チャレンジしてみましたが難しくて全然描けませんでした、それにしてもイメージカラーが赤いキャラはやっぱり足が速いんですね……

んこみみ

http://kawachiyamato.tumblr.com/

邑《むら》

ネヴァン(p31)

初めまして、邑と申します。この度はネヴァンのイラストを担当させて頂きました。すごく好きなモチーフでしたので好きにかかせて頂きとても楽しかったです…！

物置

http://muramatusan.tumblr.com/

蟹屋《かにや》しく

アルウェズ(p33)

蟹屋しくと申します。アルウェズを描かせて頂きました。医療の神で薬草師ということでたくさんの植物のなかに覗く肌色が描けてたのしかったです。頭悪そうに見えていい子が好きなので、見えたらいいな！

たか々屋

http://blog.livedoor.jp/takatakaya/

つむじぃ

ボアーン(p35)

初めまして。ボアーンを担当させていただきましたつむじぃです。
ボイン川の女神という事でその名の通りボインボインに描かせて頂きました、うんうん皆好きですよねBOIN。

pixiv ページ

http://www.pixiv.net/member.php?id=29861

p!k@ru《ぴかる》

サイヴ(p45)

ドルイドの求愛を拒み鹿に変えられたサイヴ。フィンとの出会いで平穏に暮らすも、そのフィンに追い出されてしまいます。彼女は、このときのフィンはドルイドが化けた偽物だと知っていたのでしょうか？　知らなかったのなら悲しいことです。

pixiv ページ

http://pixiv.me/tokonatu

コノシロしんこ

エスニャ(p47)

この度エスニャのイラストを担当させて頂きましたコノシロしんこです！　大変楽しく描かせてもらい、また描いているときの資料探しなどで自身もケルト神話に少し詳しくなれました。このイラストが少しでも皆さんにいいなと思って頂けたら幸いです。

コノシロしんこ

http://konoshiro-shinko.com/

Genyaky《げんやき》

ダムヌ(p53)

ダムヌを描かせていただきましたGenyakyと申します。海の怪物の象徴、ということで暗い海の底から怪物たちを率いている姿をイメージしました！深海を舞台にすると、もしかしたらいるのかも…と想像できたりしてわくわくしますね。

SHELLBOX

http://genyaky.blog.fc2.com/

るご

エフニャ(p55)

閉じ込められている女神さまということで、拘束具のイメージで、でも華やかに、それでいて貞操帯なんかを身に着けさせられていたら萌えるなあと思いながら描かせて頂きました、ありがとうございました！

route1/8

http://ru-go.tumblr.com/

えめらね

タイルトゥ(p57)

えめらねです。開拓と農業の女神を担当させていただきました。北欧の民族衣装っていいですね。素敵です。この女神は頑張り屋さんでしたが頑張り過ぎたせいで倒れてしまいました…。皆さんも疲れたら適度にお休みしましょうね。

AlumiCua

http://emerane.dokkoisho.com/index.html

たかなしA《えー》

ブイ(p59)

ブイは伝承によって様々なイメージで伝わっているらしいのですが、妖精の女王でもあるということで、ちょっと可愛らしい感じのお姉さんのようなイメージで楽しく描かせていただきました。皆さんに少しでも気に入ってもらえたら嬉しいです。

pixiv ページ

http://www.pixiv.net/member.php?id=94123

御園《みその》れいじ

エーディン(p63)

羽根がきれいな蝶々ですが、彼らの胸元がめちゃくちゃカッコイイことに今回気付かされました。

Grazie!!!

http://algirl.vni.jp/

雨《あめ》あられ

ディアドラ(p65)

ディアドラには思い入れがありまして…（某SLG繋がりです…）ご依頼を頂けた時はよっしゃ！と思いました。悲劇的な神話の女神なので、それをどうイラストに落とし込むかが難しかったです。切なく儚い雰囲気が伝われば嬉しいです。

pixiv ページ

http://pixiv.me/syunga

kauto《かうと》

スカアハ(p71)

クー・フーリンの師匠ということもありお姉さん的なイメージが強いですが実は見た目的にはそこまでお姉さんじゃないんじゃないか、デザインどうするかなど、色々と考え四苦八苦しながらでしたが楽しく描かさせていただきました。

pixiv ページ

http://www.pixiv.net/member_illust.php?id=365132

あずまあや

グラーニャ(p73)

ヤンデレ風味のお姉さまという感じは普段あまり描かないジャンルのキャラクターなので難しかったのですが、新鮮で楽しかったです！普段は漫画連載やイラストのお仕事、同人活動なんかをしております。お見かけの際はよろしくお願いします。

azmaya

http://azmaya.net

はっとりまさき

シーラ・ナ・ギグ(p75)

シーラ・ナ・ギグのイラストを担当させて頂きありがとうございました。
当初、資料を拝見した時にどうしようかと悩みましたが、何とかなってよかったです。

OTO

http://mskhtr.blog.fc2.com/

KANtarou《かんたろう》

ケルフ・ヴェリ(p77)

冬を司る魔女と呼ばれている彼女なので、クールでかっこよく、少し怖い印象になるように気をつけて作画しました。とはいえやはり女神なので、彼女なりの愛情と母性を感じていただけると嬉しいです。冬が来るたびケルフ・ヴェリを思い出しましょう！

AVOGADO

http://www7b.biglobe.ne.jp/~avogado/

れこ太《た》

リアンノン(p87)

今回はケルト神話の女神様がテーマということで、神話や伝説といったモチーフが好きな私としてはとても楽しい企画でした。不慣なエピソードの多いリアンノンの幸薄そうな感じや可愛らしさが出せていたら嬉しいです。

RECOCO

http://recotaro.tumblr.com/

イチノセ奏《かなで》

プロダイウェズ(p89)

プロタイウェズのイラストを担当させていただきましたイチノセ奏です。花は大好きなモチーフなので、とても楽しく描かせていただきました！美しく華やかな中に、どこか裏が有りそうな雰囲気が出ていれば嬉しいです。

telescope

http://telescope.web.wox.cc/

りょう@涼《あっとりょう》

ブランウェン(p91)

ブランウェンのイラスト担当させて頂きました。マビノギ四枝の悲劇的なお話なのでその一片を上手く表現できていれば…と思います

face to face

http://facetoface765.blog23.fc2.com/

シュラノスケ

スーリス(p93)

癒しの泉を司る治癒の女神ということで、癒し成分をふんだんに盛り込んでみました！泉の中に、奉納物だけでなく呪いを刻んだ銘板を投げ込まれることもあるということから、癒しだけではなく、少し愁いを帯びた表情になるよう心がけました。

しろのもふもふ

http://shura-no-suke.tumblr.com/

あめろ

アンドラステ(p95)

この度アンドラステを担当させて頂きました、あめろと申します。野うさぎに関する逸話があるとのことで、バニーガール風の意匠を盛り込んでみました。あと、おっぱいもお尻も描きたかったので欲張り構図に挑戦しました。

pixiv ページ

http://www.pixiv.net/member.php?id=37336

イトネコウタ

セヌナ(p97)

「最近見つかったということは現世での神格が低いでしょうから幼い雰囲気で」という設定で一発OKを頂けたので、元気いっぱい活躍したくて仕方がない女の子のイメージで描きました。皆様の信仰心で立派なレディに成長させてあげてください。

pixiv ページ

http://www.pixiv.net/member.php?id=2856718

みずやなお

コウェンティナ(p99)

半裸の女神ということで装飾には少し迷いましたが程よく着せられたかな、と思います。髪の毛で胸を隠すイラスト描いてみたかったので個人的には満足です。ケルト神話にどのような神がいるのか個人的にもこの書籍、楽しみなところです。

pixiv ページ

http://www.pixiv.net/member.php?id=159206

風花風花《かざはなふうか》

エポナ(p108)

風花風花です。エポナを描かせて頂きました。神様という媒体も想像力を掻き立てて素敵ではありますが、何より森とかの自然物って、描いていてとても楽しいんです。

風雪嵐花

http://www.kazabanahuuka.info/

pica《ぴか》

ロスメルタ(p111)

色々と設定を盛り込んで描き始めたはずのロスメルタ。最終的には自分の中の萌えに向かって突っ走っておりましたが、その分とても楽しく描かせて頂きました。皆様の萌え補給のお手伝いが出来ておりましたら幸甚の至りです。

pixiv ページ

http://www.pixiv.net/member.php?id=16764978

ヤマギシチヒロ

ナントスエルタ(p113)

ナントスエルタを担当させていただきました！豊穣と勝利の女神様という大好きなモチーフでしたので、描いていてとても楽しかったです！皆様のお気に入りの女神様の一員に加われますように･･･

PECHKA

http://yyyyy-chihiro.tumblr.com/

ヨカルラ

デア・マトローナ(p117)

萌える事典シリーズでは何度か母性、女神のキーワードで描かせて頂いていますが、優しさや包容力の表現にいつも頭を悩ませています。少しでもぽさが出ていればいいのですが。

GUla

http://yokarura.tumblr.com/

西沢5ミリ《にしざわごみり》

シロナ(p119)

この度シロナを担当しました西沢５ミリです。
普段しているイラストのお仕事ではもっと細く！と言われがちなのですが、今回頂きました『萌える！事典』では自由にモリモリと描かせていただいたので、描いていてとても楽しかったです。

pixiv ページ

http://www.pixiv.net/member.php?id=890269

真仲《まなか》うか

ヘレクラ(p121)

ヘレクラを担当させて頂きました真仲うかです。今回は貴重な機会を頂けて光栄でした。
個人的にとてもそそられるモチーフの女神様だったので、とても楽しく描く事が出来ました。
少しでもケルト神話好きな方が増えますように！

ヒトヒラ

http://kaamos.sakura.ne.jp/hitohira/

モレシャン

アルドゥインナ (p123)

今回森の女神さま・アルドゥインナを担当させていただきました。モレシャンと申します。鬱蒼とした森の中で出会った、ちょっとした癒しみたいなイメージですね～

Morechand

http://morechand.tumblr.com/

Shionty《しおんてぃ》

セクァナ(p125)

癒やしの泉を司る女神ということで、優しさと威厳のあるイメージで描かせて頂きました。

pixiv ページ

http://www.pixiv.net/member_illust.php?id=74278

琴《こと》すおみ

ネハレンニア (p127)

ネハレンニアを担当させて頂きました琴すおみと申します。あまり馴染みのない女神様だったので勝手に想像を膨らませながら楽しく描かせて頂きました。

MADOGIWAYUKI

http://kotocotton.tumblr.com/

湖湘七巳《こしょうしちみ》

カットイラスト

カットイラストを描かせていただきました、湖湘七巳と申します。
今回のカットイラスト、ミディールさんが一番描くのが楽しかったでした。
タレ目大好きなんです。

極楽浄土彼岸へ遥こそ

http://shichimi.la.coocan.jp/

ターにゃんターにゃん！
この本を作ったTEAS事務所って、
本とか雑誌とかを執筆したり編集する
ニンゲンたちなんだって！
ええ、そうね。
こちらで活動の報告をしているそうよ。
どんなことをしているのか
見に行ってみましょう。
http://www.studio-teas.co.jp/
https://twitter.com/studioTEAS

ジョンディー
ブリギッド(p24)

Mind_Jack

http://johndee180.wixsite.com/johndeeeeee

潮音《しおね》
エーリウ&バンバ&フォドラ(p41)

Raison d'etre

http://sssub.jimdo.com/

cinkai《しんかい》
メイヴ(p68)

○◇△

http://egusurim.tumblr.com

松田《まつだ》トキ
アリアンロッド(p84)

cyancable

http://cyancable.web.fc2.com/

salada《サラダ》
ウェルペイア(p101)

-

-

naoto《なおと》
アルティオ(p115)

moni

http://naoto5555.tumblr.com/

しかげなぎ
カットイラスト

SugarCubeDoll

http://www2u.biglobe.ne.jp/~nagi-s/

萌える! ケルト神話の女神事典 staff

著者	TEAS 事務所
監修	寺田とものり
	健部伸明
テキスト	岩田和義（TEAS 事務所）
	岩下宜史（TEAS 事務所）
	健部伸明
	朱鷺田祐介
	桂令夫
	たけしな竜美
	内田保孝
	藤春都
	鷹海和秀
協力	當山寛人
本文デザイン	神田美智子
カバーデザイン	筑城理江子

主要参考資料

■原典資料（現代語訳含む）

『LE MORTE D'ARTHURVOLUME Ⅰ & Ⅱ』SIR THOMAS MALORY　著（PENGUIN Literature）
『The Four Ancient Books of WalesVol. Ⅰ & Ⅱ』W. F. Skene　著（Edinburgh: Edmonston and Douglas）
『ガリア戦記』カエサル　著／國原吉之助　訳（講談社学術文庫）
『完訳 アーサー王物語　上＆下』サー・トマス・マロリー　著／中島邦夫、小川睦子、遠藤幸子　訳（青山社）
『ゲルマーニア』タキトゥス　著／泉井久之助　訳註（岩波文庫）
『ゲルマニア アグリコラ』タキトゥス　著／國原芳之助　訳（ちくま学芸文庫）
『新訳 ガリア戦記』ユリウス・カエサル　著／中倉玄喜　訳・解説（PHP 研究所）
『フランク史 一〇巻の歴史』トゥールのグレゴリウス　著／杉本正俊　訳（新評論）
『マビノギオン 中世ウェールズ幻想物語集』中野節子　訳／徳岡久生　協力（JULA 出版局）
『マビノギオン ケルト神話物語 シャーロット・ゲスト版』シャーロット・ゲスト　著／井辻朱美　訳（原書房）
『歴史上・中・下』ヘロドトス　著／松平千秋　訳（岩波文庫）
『歴史十巻（フランク史）Ⅰ＆Ⅱ』トゥールのグレゴリウス　著／兼岩正夫＆臺幸夫　訳註（東海大学出版局）

■研究書、辞典など

『A Dictioanary of Irish Mythology』Peter Berresford Ellis　著（Constable and Company Ltd）
『Archaeology in Hertfordshire: Recent Research』Edited by Kris Lockyear　著（University of Hertfordshire Press）
『Britain's Secret Treasures』Mary-Ann Ochota　著（Headline）
『Celtic Myth and Legend』Charles Squire　著（Forgotten Books）
『Coventina's Well』Lindsay Allason-Jones & Bruce Mckay　著（CLAYTON COLL）
『MYTHS AND SYMBOLS IN PAGAN EUROPE』H.R.Ellis Davidson　著（Syracuse University Press）
『Senuna, goddess of the river Rhee or Henney』Stephen Yeates　著（the Cambridge Antiquarian Society）
『Sheela-na-gigs: Unravelling an Enigma』Barbara Freitag　著（Routledge）
『SYMBOL & IMAGE IN CELTIC RELIGIOUS ART』Miranda Green　著（Routledge）
『THE ADVENTURES OF FINN MAC CUMHAL and other stories of Ancient Ireland』T.W.Rolleston　著（THE MERCIER PRESS）
『THE AQUARIAN GUIDE TO BRITISH AND IRISH MYTHOLOGY』John and Caitlin Matthews　著（THE ACUARIAN PRESS）
『The Arthurian Companion』Phyllis Ann Karr　著（Chaosium）
『The Arthurian Encyclopedia』Norris J. Lacy, Edit　著（Boydell Press）
『THE BRITISH CELTS AND THEIR GODS UNDER ROME』Graham Webster　著（Batsford）
『The Encyclopedia of Celtic Mythology and Folklore』Patricia Monaghan　著（Checkmark Books）
『The Esoteric Codex: Deities of the Underworld』William Klauser　著（lulu.com）
『the Gods of the CELTs』Miranda Green　著（Alan Sutton）
『The Irish Mythological Cycle』H. D'arbois De Jubainville　著／ Richard Irvine Best　英訳（O'donoghue and Co.）
『Treasure Annual Report 2002』Cultural Property Unit　著（Department for Culture, Media and Sport）
『Verbeia: Goddess of Wharfedale』Gyrus　著（Dreamflesh）
『アーサー王伝説紀行 神秘の城を求めて』加藤恭子　著（中公新書）
『アイァランド文学研究増補改訂四版』尾島庄太郎　著（北星堂書店）
『アイルランドの文学精神 7 世紀から 20 世紀まで』松岡利次　著（岩波書店）
『アイルランド文学小事典 小事典シリーズ 6』松村賢一　編（研究者出版）
『アイルランド文学はどこからきたか―英雄・聖者・学僧の時代』三橋敦子　著（誠文堂新光社）
『いちばん詳しい「ケルト神話」がわかる事典 ダーナの神々、妖精からアーサー王伝説まで』森瀬繚　著（SB クリエイティブ）
『ヴィジュアル版 世界の神話百科 ギリシア・ローマ ケルト 北欧』アーサー・コットレル　著／松村一男、倉持文三也、米原まり子　訳（原書房）
『黄金の騎士 フィン・マックール』ローズマリー・サトクリフ　著／金原瑞人、久慈美貴　訳（ほるぷ出版）
『神の文化史事典』松村一男、平藤喜久子、山田仁史　編（白水社）
『貴婦人ゴディヴァ 語り継がれる伝説』ダニエル・ドナヒュー　著／伊藤盡　訳（慶應義塾大学出版会）
『黒マリアの謎』田中仁彦　著（岩波書店）
『ケルズの書』バーナード・ミーハン著／鶴岡真弓　訳（創元社）
『ケルト 口承文化の水脈』中央大学人文科学研究所　編（中央大学出版部）
『ケルト事典』ベルンハルト・マイヤー　著／平島直一郎　訳／鶴岡真弓　監修（創元社）
『ケルト人』ゲルハルト・ヘルム　著／関楠生　訳（河出書房新社）
『ケルト人の世界』T・G・E・パウエル　著／笹田公明　訳（東京書籍）
『ケルト人の歴史と文化』木村正俊　著（原書房）
『ケルト神話』プロインシァス・マッカーナ　著／松田幸雄　訳（青土社）
『ケルト神話・伝説事典』ミランダ・J・グリーン　著／井村君江　監訳／渡辺充子、大橋篤子、北川佳奈　訳（東京書籍）
『ケルト神話と中世騎士物語「他界」への旅と冒険』田中仁彦　著（中公新書）
『ケルト神話の世界』ヤン・ブレキリアン　著／田中仁彦､山邑久仁子　訳（中央公論社）
『ケルト神話の世界　上下』ヤン・ブレキリアン　著／田中仁彦　訳（中央公論新社）
『ケルトの残照　ブルターニュ、ハルシュタット、ラ・テーヌ心象紀行』堀淳一　著（東京書籍）
『ケルトの宗教ドルイディズム』中沢新一、鶴岡真弓、月川和雄　編著（岩波書店）
『ケルトの神話』ミランダ・J・グリーン　著／市川裕見子　訳（丸善ブックス）
『ケルトの神話・伝説』フランク・ディレイニー著／鶴岡真弓　訳（創元社）
『ケルトの神話 女神と英雄と妖精と』井村君江　著（ちくま文庫）
『ケルトの精霊物語』ボブ・カラン　著／アンドルー・ウィットソン、萩野弘巳　訳（青土社）
『ケルトの妖精』井村君江　著（あんず堂）
『ケルト文化事典』ジャン・マルカル　著／金光仁三郎、渡邊浩司　訳（大修館書店）
『ゲルマン、ケルトの神話』E・トンヌラ、G・ロート、F・ギラン　著／清水茂　訳（みすず書房）
『国際理解にやくだつ世界の神話 5 ヨーロッパの神話』吉田敦彦　監修／辺見葉子、伊藤尽　編（ポプラ社）
『古代アイルランド文学』マイルズ・ディロン　著／青木義明　訳（オセアニア出版）
『古ヨーロッパの神々』マリア・ギンブタス　著／鶴岡真弓　訳（言叢社）
『社会人類学』中根千枝　著（講談社学術文庫）
『神話・伝承事典 失われた女神たちの復権』バーバラ・ウォーカー　著／山下主一郎、栗山啓一、中名生登美子、青木義孝、塚野千晶　訳（大修館書店）
『図説アーサー王伝説事典』ローナン・コグラン　著／山本史郎　訳（原書房）
『図説ケルト神話物語』イアン・ツァイセック　著／山本史郎、山本泰子　訳（原書房）
『図説ケルトの歴史 文化・美術・神話をよむ（ふくろうの本）』鶴岡真弓、松村一男　著（河出書房新社）
『図説妖精百科事典』アンナ・フランクリン、メイスン・ポール、フィールド・ヘレン　著／井辻朱美　訳（東洋書林）
『図説ヨーロッパ怪物文化史事典』松平俊久　著／蔵持不三也　監修（原書房）
『世界神話大事典』イヴ・ボンヌフォワ　編／金光仁三郎、大野一道、他 4 名　訳（大修館書店）
『世界神話伝説体系 <40> アイルランドの神話伝説 Ⅰ』八住利雄　編（名著普及会）
『世界神話伝説体系 <41> アイルランドの神話伝説 Ⅱ』八住利雄　編（名著普及会）
『世界の怪物・神獣事典』キャロル・ローズ　著／松村一男　監訳（原書房）
『世界の妖精・妖怪事典』キャロル・ローズ　著／松村一男　監訳（原書房）
『世界女神大事典』松村一男、森雅子、沖田瑞穂　編（原書房）
『中央ヨーロッパ「ケルト」紀行　古代遺跡を歩く』武部好伸　著（彩流社）
『ヘラクレア物語 ギリシャ女戦士伝説』バーナード・エヴスリン　著／喜多元子　訳（社会思想社　現代教養文庫）
『見えないものを見る力 ケルトの妖精の贈り物』風呂本武敏　著（春風社）
『妖精学大全』井村君江　著（東京書籍）
『妖精学入門』井村君江　著（講談社現代新書）
『妖精事典』キャサリン・ブリッグズ　著／平野敬一、三宅忠明、井村君江、吉田新一　訳（冨山房）

■ウェブサイト

Bifrost.it
http://bifrost.it/
Living Liminally『Lugh the Many-skilled』
http://lairbhan.blogspot.jp/
Pseudo-Plutarch『Parallela Graeca et Romana』
http://penelope.uchicago.edu/
Roman Inscriptions of Britain (online version)
http://romaninscriptionsofbritain.org/
The British Musium (official web-site)
http://www.britishmuseum.org/

■ケルト神話の女神索引

項目名	分類	ページ数
『Dictionary of Celtic Mythology』	論文・研究書	58
Pケルト語	用語	177
Qケルト語	用語	177
アーサー王	人物	32,131,133,134,164-168
『アーサー王伝説』	詩・伝承・古典	32,44,78,81,133,134,164-166
『アーサー王の死』	詩・伝承・古典	134,166-167
アーニャ	神・超常存在	46
アイルランド島(アイルランド、エリン、エール)	地域・場所・建物	11,14,20,22,23,28,32,34,38,40,42,46,50-52,54,56,58,60-62,64,66,67,70,74,76,78,80,81,90,94,102,112,128,139-152,154,156,157,159,162,172,173,175,176,178
アイルランド神話	用語	12,18,20,22,40,48,50,51,52,58,70,134,138-144,150
アヴァロン	地域・場所・建物	133,134,168,177
『赤牛の書』	詩・伝承・古典	143
赤枝の騎士団	用語	151,153,154
アカシカ	アイテム	44
アクアエ・スーリス	地域・場所・建物	92
“新しい”ケルト語地域	用語	80
アポロ	神・超常存在	118
アマーギン	人物	42
アマエソン	神・超常存在	82
アリアンロッド	神・超常存在	82-83,88,163
アリル	人物	66,152-155
アルウェズ	神・超常存在	32
アルスター王国	用語	28,64,67,70,150-155
アルスター神話	用語	64,66,70,141,143,150,152-154,156
アルスル	人物	81,161,164-166
アルタイオス	神・超常存在	114
アルティオ	神・超常存在	114
アルドゥインナ	神・超常存在	114,122
アレイン	怪物	158
アンクウ	怪物	169
アングル人	用語	160
アンダルタ	神・超常存在	114
アンドラステ	神・超常存在	94
アンヌウヴン	地域・場所・建物	44
イケニ族	用語	94,130
イス	地域・場所・建物	169
イチイ	アイテム	64,175
犬	アイテム	44,48,112,118,120,124,126,155
インデッヒ	神・超常存在	52
インド・ヨーロッパ語族	用語	20
インボルグの祭り	用語	23
ヴィヴィアン	人物	32,81,102,134
ウィクトリア	神・超常存在	96
ウェールズ神話	用語	12,20,48,71,81,82,86,88,134,139,161,164,177
ウェールズ地方	地域・場所・建物	139,160
ウェルベイア	神・超常存在	38,100
ウォーフ川	地域・場所・建物	38,100
「ウリエンの息子オウァインの物語、あるいは泉の貴婦人」	詩・伝承・古典	165
ウルフィライクス	人物	122
エヴニシエン	人物	90
『エヴラウグの息子ペレドゥルの物語』	詩・伝承・古典	165
エーディン	神・超常存在	19,62
エーリウ	神・超常存在	40,42
エオハズ	人物	62
エオホズ・マクアーク	神・超常存在	56
エクスカリバー(カレトヴルッフ)	アイテム	78,133,134,165,167
エクタッホ	神・超常存在	58
エスニャ	神・超常存在	38,46
エタア	神・超常存在	62
エッピングの森	地域・場所・建物	94
エニシダ	アイテム	76,88
エフニャ	神・超常存在	54,56,147
エポナ	神・超常存在	106,107,131
エラザ	神・超常存在	42
エリンの四秘宝	アイテム	78
『エルビンの息子ゲライントの物語』	詩・伝承・古典	165
エングリック	神・超常存在	58
円卓の騎士	用語	44,131,134,164-167
オイフェ	人物	153,155
オィングス	神・超常存在	34
オウァイン	人物	165
王の神話	用語	141,143
オーク	アイテム	175
オー湖	地域・場所・建物	76
オール・ハロウズ	用語	76
オガム文字	用語	174,176
オグマ	神・超常存在	52
オシーン	人物	44,76,148,159
オルウェン	人物	165
『カーマーゼンの黒書』	詩・伝承・古典	161
カイ(ケイ)	人物	165
ガイウス・ユリウス・カエサル	人物	105,124,170,171
カエル・アリアンロッド	用語	82
影の国	地域・場所・建物	70,151,153,155
カムリ	地域・場所・建物	161
カムルス	神・超常存在	122
カムルス	神・超常存在	122
カラドボルグ	アイテム	153
『ガリア戦記』	詩・伝承・古典	105.124,170,171,174
ガリア地方	地域・場所・建物	10,105,106,171,175
カリバーン	アイテム	8
カローバラ	地域・場所・建物	98
キアン	神・超常存在	54,147
キャドベリー城	地域・場所・建物	168
キャメロット城	地域・場所・建物	168
『旧約聖書』	詩・伝承・古典	149
巨石遺跡(巨石記念物)	用語	58,60
キリスト教	用語	11,22,23,32,38,56,76,104,122,130,133,142,149,173,175,178
ギルヴァエスウィ	神・超常存在	82
キルッフ	人物	165
『キルッフとオルウェン』	詩・伝承・古典	165
キルデア	地域・場所・建物	22,23
キンボイス王	人物	28
クー・フーリン	人物	26,28,30,48,66,67,70,141,150,151,153-156,176
グウィデオン	神・超常存在	82
グウィネッズ	人物	82,88,163
クーリーの牛争い	用語	66,154,155
グエンホヴァル(グィネヴィア)	人物	165
グラーニャ	人物	72,159
グラストンベリー	地域・場所・建物	168
クルアハン山	地域・場所・建物	76
クルーニャ	神・超常存在	19
クルンフ	人物	28
グロヌウ	人物	88
グワウル	人物	86
グワルフマイ(ガウェイン)	人物	165
ケアブリ	人物	159
ゲイ・ボルグ	アイテム	67,70,154
ゲッシュ	用語	48,64,67,72,134,155
ケム	地域・場所・建物	96
ゲライント	人物	165
ゲラルド	人物	46
『ケルズの書』	地域・場所・建物	11
ケルティックノット	用語	11
ケルトイ	用語	12,171

ケルト系キリスト教	用語	142,149,173
ケルト十字	用語	11,149
ケルト諸語	用語	12,177
ケルト人(ゲール人)	用語	10-14,23,34,36,37,39,43,52,60,61,76,80,92,94,105-107,110,112,114,118,126,128,130,132-134,137,139,160,171-178
ケルト神話	用語	12,14,34,36,40,43,48,58,62,78,102,104,106,128,133,134,137,139,148,149,160,170,172,178
ケルヌンノス	神・超常存在	100,105
ケルフ・ヴェリ(カリアッハ・ヴェーラ)	神・超常存在	58,76,81
ケルベルス	神・超常存在	112,120
《ゲルマン・ケルトの神話》	論文・研究書	107
ゲルマン人	用語	126,160
コウェンティナ	神・超常存在	38,98
ゴヴニュ	神・超常存在	19
ゴーウィン	人物	82
コーンウォール・ブルターニュの神話	用語	80,139,168
コーンウォール地方	地域・場所・建物	139,160,168
コギトスス	人物	23
ゴダイヴァ婦人	人物	131
コティングリー妖精事件	用語	178
コナハト	地域・場所・建物	51,66,67,70,146,148,150,152-155
コナル・ケルナッハ	人物	153
ゴル	人物	158
コルマック・マック・アート	人物	158,159
コレインスプラート	地域・場所・建物	126
コンホヴァル・マク・ネサ	人物	64,153,155
コンラ	人物	153,155
サイヴ	神・超常存在	44,159
サウィン祭	用語	178
サクソン人	用語	160
三柱一組(トリアッド)	用語	22,23,28,30,43
シー(妖精塚)	地域・場所・建物	148
シー・ネフタンの井戸	地域・場所・建物	34
シーラ・ナ・ギグ	神・超常存在	74
至高王	人物	152,156-159
使者の杖	アイテム	110
島のケルト	用語	80,104,134,168,172,173
シャノン川	地域・場所・建物	38
ジャンヌ・ダルク	人物	131
ジョーヴ	神・超常存在	122
白い牡鹿	アイテム	44
シロナ	神・超常存在	118
シロナの泉	地域・場所・建物	39
スィール	神・超常存在	86,90
『スィールの子マナウィダン』	論文・研究書	163
『スィールの娘ブランウェン』	論文・研究書	162
スィウィト	人物	86
スーリス	神・超常存在	38,92,118
スェウ・スァウ・ゲフェス	神・超常存在	83,88
スカアハ	人物	70,153,155
スケルス	神・超常存在	112
スコットランド	地域・場所・建物	54,58,70,76,80,98,134
『スコットランド高地地方と島々の迷信』	論文・研究書	44
ストーン・ヘンジ	地域・場所・建物	60
スリップ・ジグ	用語	74
聖女	用語	22,23
聖ブリギッドの祭り	用語	23
セヴァーン川	地域・場所・建物	38
ヴァン族	用語	40,145
セーヌ川	地域・場所・建物	39,116,124
セクァナ	神・超常存在	39,124
セクァナの泉(セクァナの癒しの泉)	地域・場所・建物	39,124
セタンタ	人物	151
セヌナ	神・超常存在	96

セラウア・アヌナ碑文	地域・場所・建物	120
セングレン	アイテム	151
ダーナ神族	神・超常存在	18-20,26,50,52,54,138,145-148
大洪水	用語	40,52,141,144,145,149
大陸のケルト	用語	14,104,105,139,170-173,175
タイルトゥ	神・超常存在	56
ダヴェド	地域・場所・建物	86,163
『ダヴェドの大公プイス』	論文・研究書	44,162
ダグザ	神・超常存在	19,20,26,34
ダグザの大釜	アイテム	78
タスラム	アイテム	147
ダヌ	神・超常存在	18,20,22,43,52,128
ダムヌ	神・超常存在	52,128
タラニス	神・超常存在	105
タラの丘	地域・場所・建物	34,42,78,152
『タリシエンの書』	詩・伝承・古典	161
タルティウの戦い	用語	147
知恵の鮭	アイテム	34,158
跳躍の術	用語	70
治療女神イカの泉	地域・場所・建物	39
デア・マトローナ	神・超常存在	116
ディアドラ	人物	64
ディアナ	神・超常存在	114,171
ディアン・ケヒト	神・超常存在	19,20,32,146
ディス・パーテル	神・超常存在	120
ディラン・エイル・トン	人物	83
ティル・ナ・ノーグ(常若の国)	地域・場所・建物	44,148,150,159
テイルノン	人物	86
ディルムッド	人物	72,159
ティンタジェル城	地域・場所・建物	168
デスモント	人物	46
デヒテラ	人物	151
伝令の杖	アイテム	100
トゥアハ・デ・ダナーン	神・超常存在	14,18-20,32,34,42,44,50-52,56,62,64,78,102,128,138,141,144-148
トゥアハ・デ・ダナーン神話	用語	40,52,54,56,78,139,141,144,149,150
ドゥフタハ	人物	153-155
ドーン	神・超常存在	20,82,128,
ドナウ川	地域・場所・建物	20
ドルイド	用語	11,22,23,44,61,142,158,159,172,174,175,177
ドン・クアルンゲ	アイテム	154,155
ドン川	地域・場所・建物	20
ナース	神・超常存在	58
ナナカマド	アイテム	175
楢の木	アイテム	88,175
ナントスエルタ	神・超常存在	112,118
ニアヴ	神・超常存在	148,159
『西ハイランド昔話集』	論文・研究書	76
ニューグレンジ遺跡	地域・場所・建物	34
精霊(ニンフ)	神・超常存在	38,81,98,100,165
ニンファエウム	地域・場所・建物	98
ヌァザ	神・超常存在	19,20,32,42,78,145,146,157
ヌァザの剣	アイテム	78
ヌーシャルテル湖	地域・場所・建物	39
ネヴァン	神・超常存在	26,28,30
ネヴェズ族	用語	28,145
ネハレンニア	神・超常存在	39,126
ネフタン	神・超常存在	34
ネラ	人物	153
ノアの方舟	アイテム	149
ノイシュ	人物	64
ノウス	地域・場所・建物	58
ノーサンバーランド	地域・場所・建物	98,120
ノック・ブイ(ブイの丘、ブル・ナ・ボイネ)	地域・場所・建物	58
ノックナリ山	地域・場所・建物	67
バース	地域・場所・建物	38,92

バーソロン族	用語	145
パーシバル	人物	165
バーデン・バーデン	地域・場所・建物	39
バーベナ	アイテム	100
ハシバミ	アイテム	34,42,175
バズブ	神・超常存在	30
ハドリアヌス	人物	39,98
バラントンの泉	地域・場所・建物	32
『バリーモートの書』	詩・伝承・古典	143
バルカエ	神・超常存在	116
ハロウィン	用語	76,148,178
バロール	神・超常存在	50,52,54,147
バンバ	神・超常存在	40,42
ヒイラギ	アイテム	76
ブイ	神・超常存在	58,76
フィアナ騎士団	用語	141,156-159
フィアナ神話	用語	72,141,152,156,159,160
ブイス	人物	44,86,162
フィネガス	人物	158
フィル・ボルグ族	用語	18,32,50-52,56,145,146,148
フィン・マックール	人物	34,44,72,76,152,156-158
フィンドヴェナハ	アイテム	154
ブーディカ	人物	94,130
フェルグス・マク・ロイ	人物	153
フェルディア	人物	70,153-155
フォドラ	神・超常存在	40,42
フォモール族	用語	18,20,26,28,42,50-52,54,128,145-148
ブラック・マリア	人物	133
ブラン	人物	90
ブランウェン	人物	81,90,162
『フランク史』	詩・伝承・古典	122
ブリアン	神・超常存在	20
ブリギッド	神・超常存在	20,22,23,43
『ブリタニア列王史』	詩・伝承・古典	166,167
プリデリ	人物	82,83,86,
ブリテン	地域・場所・建物	12,13,22,37,38,56,58,60,61,80,90,92,94,96,130,139,160,162-164,166-168,172-175
ブリトン人	用語	92,24,162,166,168,173
『ブリュ物語』	詩・伝承・古典	167
"古い"ケルト語地域	用語	80
ブルターニュ地方	地域・場所・建物	139,169,173
ブルトン人	用語	14,80
フルベゼ	人物	67
ブレス	神・超常存在	42,140
プレデリ	人物	162,163
プロセルピナ	神・超常存在	120
ブロダイウェズ	神・超常存在	83,88
ペイガニズム運動	用語	61
ベッドヴィル	人物	165
ペトローネル=カルヌントゥムの石碑	地域・場所・建物	120
ヘブリディーズ諸島	地域・場所・建物	58
ヘラクレス	神・超常存在	122
『ヘルゲストの赤書』	詩・伝承・古典	161
ベルティネ	用語	76,132
ヘレクラ	神・超常存在	120
ペレドゥル	人物	165
ボアーン	神・超常存在	34,38
ボイン川	地域・場所・建物	34,38,58
豊穣の角(コルヌコピア)	アイテム	96,106,110,126
母系社会	用語	128
ホソバタイセイ	アイテム	10
ホッホシャイト	地域・場所・建物	118
マース	神・超常存在	82,83,88,163
マーリン	人物	32,133,134
マヴィリー	地域・場所・建物	100
マク・クル	人物	40
マク・グレーネ	人物	40
マク・ケーフト	人物	40

マグ・メル(楽しき都)	地域・場所・建物	148
『マソヌウイの息子マース』	論文・研究書	163
マソルッフ	人物	90
マッハ	神・超常存在	26,28,30
セイヨウナツユキソウ	アイテム	88
マナウィダン	人物	86,90,163
マナナン・マクリル	神・超常存在	50,51,86
マハ	アイテム	151
『マビノギオン』	論文・研究書	44,81,86,161,162,165
マビノギ四枝	用語	81,82,86,88,90,162,165
マルヌ川	地域・場所・建物	39,116
マンスター	地域・場所・建物	38,46,74,152
マン島	地域・場所・建物	50,51,177
ミアハ	神・超常存在	32
ミース王国	地域・場所・建物	152
ミディール	神・超常存在	19,62
ミトラス	神・超常存在	98
ミネルウァ	神・超常存在	92,96,98
ミレー族(ミレシア族)	用語	19,42,144,145,147,150
メイ・クイーン	人物	132
メイヴ	人物	66,67,70,152-155
メイド・マリアン	人物	132
メリュジーヌ	人物	134
メルクリウス	神・超常存在	100,110,122,171
モイ・トゥラの戦い	用語	145-147
モイラ(クロト、ラケシス、アトロポス)	神・超常存在	43
モリガン	神・超常存在	20,26,28,30,43,94,112,133,155
モルガン・ル・フェ	人物	81,133
ヤドリギ	アイテム	175
妖精	用語	32,34,42,44,46,62,74,78,88,102,133,134,148,153,159,167,178
ヨハルヴァ	神・超常存在	20
ヨハン	神・超常存在	20
『来寇の書』	詩・伝承・古典	42,78,141,149
ラタス教会	地域・場所・建物	176
ランズエンド岬	地域・場所・建物	168
リア・ファル	アイテム	78
リアンノン	神・超常存在	20,81,86,131,162,163
ルアドリ	人物	58
ルー	神・超常存在	19,40,51,54,56,58,78,83,147
ルーナサ	用語	56
ルーの槍	アイテム	78
ルフタ	神・超常存在	19
『レカンの黄書』	詩・伝承・古典	143
『レゼルッフの白書』	詩・伝承・古典	161
レンスター	地域・場所・建物	22,23,34,152,157
『レンスターの書』	詩・伝承・古典	34,143
『ローマ史』	詩・伝承・古典	94
ローマ人	用語	92,94,105,107,110,126,170,177
ローマ帝国	地域・場所・建物	92,94,98,104,107,114,130,160,164,170,173,175
ロスメルタ	神・超常存在	110
『ロビン・フッド』	詩・伝承・古典	132
ロンディニウム	地域・場所・建物	94
ワタリガラス	アイテム	26,30,106,112

萌える！ケルト神話の女神事典

2016年11月18日 初版発行

著者　TEAS事務所
発行人　松下大介
発行所　株式会社 ホビージャパン
〒151-0053　東京都渋谷区代々木2-15-8
電話　03（5304）7602（編集）
03（5304）9112（営業）

印刷所　株式会社廣済堂

Printed in Japan
ISBN978-4-7986-1298-0 C0076